PIACENZA – LOS ANGELES
Libri d'arte e poesia (1991–2008) dall'archivio di Michele Lombardelli

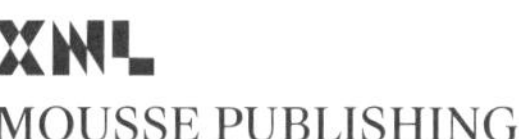

MOUSSE PUBLISHING

“So very difficult, Yeats, beauty so difficult.”
—Ezra Pound

Roberto Reggi

[Presidente Fondazione di Piacenza e Vigevano]

Ci sono persone che costruiscono ponti in ferro e cemento, per permettere alle donne e agli uomini di attraversare spazi immensi, alle idee di circolare, ai linguaggi di ibridarsi, alla cultura di crescere nel segno dell'inclusione e della diversità. Poi ci sono persone come Michele Lombardelli che un ponte lo ha edificato con i suoi libri, da Piacenza a Los Angeles.

Nel corso del suo itinerario artistico e professionale, Michele Lombardelli può senza dubbio essere considerato un illuminato costruttore di ponti e connessioni, a cominciare da quando, giovanissimo, traghettò il mestiere di tipografo del padre, attivo a Castelvetro dagli anni Settanta, verso l'attività di editore di libri di poesia.

Negli anni, con i suoi lavori, ha tracciato una rotta importante, che ancora oggi collega l'Emilia alla California, promuovendo l'incontro e lo scambio artistico fra alcune delle più geniali personalità della nostra provincia, come William Xerra, Carlo Berté, Mauro Sargiani e come Emilio Villa e Aldo Tagliaferri, con alcuni grandi poeti e artisti americani, da Robert Crosson a John Baldessari, da Martha Ronk a Dennis Phillips e Guy Bennett.

L'intreccio tra poesia e arti visive è stato all'origine di una serie di pubblicazioni uniche dove Lombardelli studiava – con l'amico poeta Paul Vangelisti – il giusto peso da dare all'immagine e alla parola, costruendo allo stesso tempo una rete di amicizie e relazioni.

Da lì, nel tempo, si è generata un'incredibile rete di scambi fra le persone e le arti, della quale sono testimonianza tangibile i suoi libri d'artista, in cui la poesia si intreccia con le arti figurative, la letteratura con la musica, la dimensione politica con quella sociale.

XNL Piacenza, che si pone come luogo di incontro e scambio fra linguaggi artistici differenti, ha accolto con entusiasmo il progetto di restituzione di questa intensa attività editoriale che ha collegato e continuerà a collegare la comunità di Piacenza con lo scenario di Los Angeles, la periferia con uno dei centri culturali del mondo contemporaneo.

Un grazie particolare va a Michele Lombardelli, concittadino e cittadino del mondo, per aver portato Piacenza così lontano e per questi suoi libri che ci prendono per mano e ci accompagnano in viaggi poetici dentro ciò che siamo, vorremmo essere, potremmo diventare.

Paola Nicolin / Michele Lombardelli

[Direttore artistico, XNL Piacenza]   [Biografia p. 24]

Traccia di una conversazione
[Traces of a Conversation, p. 118]

PAOLA   Vorrei iniziare dal viaggio Piacenza – Los Angeles: che cosa ti ricordi del tuo primo arrivo a LA nel 1989, se non erro, e che cosa ti aveva portato là?

MICHELE   Esatto, era inizio estate del 1989. Mi ha portato a Los Angeles la musica, il mito di Hollywood e il deserto… come dice una canzone pop del 2003 "Everybody comes to Hollywood" e penso che a fasi alterne sia ancora così.

Ho avuto l'istinto di partire quasi improvvisamente, pianificando tutto in poco tempo. Un viaggio decisamente avventuroso per me che partivo da una piccola località nella provincia di Piacenza e dopo quindici ore ero all'Hollywood Roosevelt Hotel. Sono rimasto sveglio per oltre ventiquattro ore. La città era immensa e gli stimoli per un ventenne erano infiniti. Ricordo che durante l'atterraggio l'aereo ha sorvolato la città per quasi un'ora, dalle prime abitazioni fino al LAX. Era anche la prima volta che prendevo un aereo.

In questo viaggio dalle mille piccole avventure ho incontrato per la prima volta l'arte dei grandi musei, come il LACMA e il MOCA, e mi sono appassionato alla letteratura di Charles Bukowski, John Fante, James Ellroy, Philip K. Dick e Bret Easton Ellis, che aveva pubblicato *Less than Zero* nel 1985.

PN   La tua formazione tra editoria, poesia, musica e arti visive si sviluppa nel fervore degli anni Novanta, una decade segnata da alcuni eventi storici e culturali epocali – come lo scoppio della guerra civile nella ex Jugoslavia, l'omicidio dei giudici Falcone e Borsellino, ma anche il premio Nobel per la pace a Gorbaciov e gli accordi tra Arafat e Rabin per il riconoscimento reciproco di Israele e Palestina, che a pensarci oggi c'è da sbalordire. Nasce l'Unione Europea con il Trattato di Maastricht, Mandela vince in Sudafrica, la Sony presenta la prima PlayStation, Tarantino ci regala *Pulp Fiction*, debuttano Marylin Manson e gli Oasis… Che cosa ti ricordi di più di quel decennio?

ML   Ho ben in mente la notizia in diretta dell'attentato di Borsellino, ricordo esattamente che era domenica, dov'ero e cosa stavo facendo, e la sensazione straniante che ho avuto (un po' come per il rapimento Moro, di cui ho un ricordo lucido).

Poi naturalmente Gorbaciov, Arafat e l'Unione Europea sono ricordi ben fermi nella mia memoria. Musicalmente non potrò mai dimenticare l'arrivo di Marylin Manson, ancora una volta prodotto di LA.

Aggiungerei la musica di Frank Zappa e le immagini di David Lynch, che per me è stata la prima guida per Los Angeles, mi ha fatto scoprire il lato "luminoso" e quello "oscuro" di una città che è impossibile da possedere, dove tutto può accadere e tutto è possibile.

PN A Milano, negli anni Novanta, lavori con Vanni Scheiwiller e realizzi il tuo primo progetto editoriale con il poeta Nello Vegezzi. Mi piacerebbe tu mi descrivessi questo primo libro di poesia che hai visto nascere nella tipografia della tua famiglia.

ML Il libro di Nello è stato pubblicato nel 1992 ma ho incontrato Vanni già l'anno precedente, mi è stato presentato da Leda Calza. A quell'epoca le lavorazioni per portare alla stampa un libro erano lunghe e molto differenti da ora, soprattutto nelle fasi iniziali. Ricordo che ero molto emozionato: io – poco più che ventenne – stavo lavorando per un grande editore. Da quel momento ho deciso che avrei sempre voluto lavorare nel mondo editoriale.

PN A quei tempi leggevi poesie?

ML Ho iniziato proprio in quegli anni con gli autori di Vanni e quelli che mi capitavano frequentando gli uffici della casa editrice, come Eugenio Montale, Giuseppe Ungaretti, Camillo Sbarbaro, Antonio Delfini, Rainer Maria Rilke, Ezra Pound… E poi Alda Merini, Patrizia Cavalli, Séamus Heaney, Wisława Szymborska…

PN Scheiwiller è stato un tuo grande maestro, se così si può dire. È lui che ti ha indirizzato verso la commistione di poesia e immagine? In che modo?

ML Un maestro con una cultura sterminata e una grande sensibilità e attenzione per il libro. Sono stato un suo collaboratore stampando nella tipografia di famiglia decine di libri dal 1991 al 1999. Ho cercato di imparare il più possibile standogli accanto durante la revisione delle bozze, facendo viaggi per le presentazioni, o semplicemente andando al bar a prendere un caffè. Parlavamo continuamente di libri e lui mi dava consigli su cosa leggere e cosa guardare. Ricordo che a casa sua i libri e le opere erano ovunque, non c'erano spazi liberi.

Io avevo poco più di vent'anni e dal mio piccolo paese mi avvicinavo al mondo editoriale di Milano, una grande esperienza che porto sempre con me. Proprio Vanni mi diede il consiglio di diventare io stesso editore e così, nel 1991, pubblico il primo libro con il poeta Rino Cortiana e l'artista

 Paola Nicolin / Michele Lombardelli

Carlo Berté. Sarà poi Vanni a presentare il volume a Milano nella mitica libreria Feltrinelli di via Manzoni.

Se Vanni è stata una grande guida nell'editoria "classica", un altro incontro importante è stato quello con Amedeo Martegani nel 1995, con il quale ho cominciato a collaborare nella realizzazione di libri più "contemporanei".

PN Un altro maestro, o forse meglio direi compagno di viaggi e avventure, è stato lo scrittore italiano Mauro Sargiani. Hai pubblicato un suo libro nel 1991. Come lo hai conosciuto? Come è progredito il vostro dialogo?

ML Un grande amico con cui abbiamo condiviso molte avventure, anche in questo caso è stata Leda Calza a farci conoscere. Mauro mi ha sempre dato tantissimi consigli sul guardare, sul leggere e sull'ascoltare. Abbiamo condiviso diversi viaggi caratterizzati da un continuo confronto, sempre motivati dal raggiungere una mostra o una fiera d'arte. La sua amicizia mi è stata fondamentale per la scoperta della letteratura contemporanea.

PN Un altro passaggio significativo accade a Milano nel 1992 durante l'ultima edizione di Milano Poesia, il festival di poesia, musica, danza e performance diretto dal 1983 da Gianni Sassi. Ammetto di essermi spesso costruita un immaginario mitico di questa manifestazione, anche solo per quell'intreccio di linguaggi così sofisticati, dove la questione del consenso pubblico come obiettivo finale mi pare fosse del tutto assente: era così? Che cosa ti ricordi di quella edizione e chi hai avuto modo di conoscere da vicino?

ML In quegli anni mi capitava di seguire Vanni in varie manifestazioni, tra cui Milano Poesia. Ho un ricordo di grande vitalità e voglia di incontro. Quell'anno erano stati invitati i poeti californiani, e mi si è così presentata l'occasione di pubblicarli. Il primo libro che pubblico è *Morso dal suono* di William Xerra, un'antologia dove sono presenti quasi tutti i poeti che avevano partecipato a Milano Poesia.

PN In questa prospettiva, Paul Vangelisti è stato anche il tuo "biglietto" per la California, forse più in veste di editore che di musicista. È così?

ML Ci siamo conosciuti in Italia e siamo diventati subito amici. Lui stesso poeta, è stato anche editore. Paul mi portava nei luoghi letterari di LA come Chinatown, Bunker Hill, e il ristorante Philippe's dove tutti i giorni pranzava Bukowski, oppure mi raccontava la storia letteraria di Los Angeles (la più illetterata), arricchita dalla presenza di numerosi scrittori importanti che, incuriositi dai luoghi e affascinati dallo stile di vita, in questa città sono stati straordinariamente produttivi. Citando Igor Stravinskij, LA si può definire come uno "splendido isolamento".

Ricordo che quasi subito gli ho proposto di essere l'editor del progetto che volevo realizzare, anche se non avevo ancora ben chiaro come: una collana di libri con poeti e artisti di LA. Così, dopo il primo libro antologico iniziammo a lavorare alla prima raccolta di poesia, lui da Los Angeles e io da Castelvetro Piacentino, con lunghe telefonate e un fuso orario di nove ore.

La mia gratitudine va a Paul, che ha subito creduto in me anche se giovanissimo, e a tutti i poeti e gli artisti che hanno voluto affidarmi il loro lavoro e che hanno avuto fiducia nel progetto. Nella realizzazione dei libri ho sempre cercato di valorizzare al massimo gli autori.

PN Dal 1993 racconti di nuovo di un itinerario Piacenza – Los Angeles, sulla scia delle presentazioni di libri quali *Morso dal suono* e le successive collaborazioni con altri poeti e scrittori. Quale era il network al quale attingevi? Quali gallerie? Quali interlocutori?

ML A partire dal 1993 riprendo a viaggiare costantemente verso Los Angeles, anche due o tre volte all'anno per i successivi vent'anni. Oltre alle università, anche l'Istituto Italiano di Cultura era interessato alle presentazioni. Il mio punto di riferimento rimaneva Paul, con cui a distanza progettavo i nuovi libri, mi proponeva i poeti, artisti e collaborazioni, e prendevamo assieme tutte le decisioni. Gli artisti a volte ci venivano indicati anche dai poeti stessi.

PN Per l'immagine della mostra abbiamo scelto un'opera di Don Suggs. Mi racconti qualcosa di lui?

ML Don l'ho conosciuto fin dai miei primi viaggi a Los Angeles e ci siamo sempre frequentati, aveva lo studio a Downtown che a quell'epoca era decisamente un quartiere difficile. Era una persona gentile, con un modo di fare arte preciso e profondo, mischiava sapientemente fotografia, pittura e collage, come spesso accade con gli artisti di LA. Gli sono grato per i lunghi confronti e per avermi introdotto nel mondo dell'arte della città californiana.

PN Sul versante italiano, è chiaro che l'affinità con William Xerra è stata ed è una chiave di accesso all'universo della poesia visiva…

ML William è stato determinante nel farmi apprezzare la Neoavanguardia italiana, come il Gruppo 63 e la poesia visiva, e per avermi fatto conoscere Nanni Balestrini, Aldo Tagliaferri ed Emilio Villa, con i quali ho pubblicato alcuni libri. Con lui abbiamo fatto un bellissimo viaggio a LA durante le presentazioni di *Morso dal suono*. William è sempre stato un grande appassionato di libri d'artista e ne ha realizzati di stupendi.

 Anche nella mostra era molto forte l'idea che la tua sia una storia di amicizia tra artisti. Questa dimensione sembra aver permesso una relazione autentica tra geografie così lontane. E forse in questo senso la tipografia, come il libro, è un luogo dove si fa amicizia. Quanto è importante per te questa dimensione?

ML Amicizia e stima sono determinanti, non ho mai pubblicato nulla di autori che prima non abbia conosciuto e frequentato, che mi abbiano spiegato le loro intenzioni o anche solo condiviso delle affinità che erano poi la premessa per diventare libro. Ad esempio ricordo Robert Crosson che al mio arrivo o alla mia partenza da LA mi lasciava sempre una poesia dattiloscritta o un piccolo collage.

Ho avuto anche la fortuna che la mia famiglia avesse una tipografia, questo mi ha agevolato enormemente sia nella produzione che nella libertà di progettazione.

PN La raccolta di libri e materiali che abbiamo esposto a XNL tiene conto anche di un'evoluzione di linguaggi visivi: dall'incisione, alla tempera, alla fotografia. Un'evoluzione che segna forse il decennio in modo significativo. Mi interessa discutere con te del passaggio successivo di questa evoluzione, ovvero l'avvento del digitale: come è cambiato il modo di fare libri di arte e di poesia?

ML Il digitale ha cambiato solo la prima parte della realizzazione di un libro e ha modificato i rapporti di vicinanza necessari a scambiarsi i materiali, che ora viaggiano in nuove forme. Si lavora attraverso il computer, guardando uno schermo nel quale tutto è possibile tranne avere la sensazione fisica e tattile dei materiali e comprenderne i relativi limiti fisici, le foto si fanno con il cellulare e con i social si diventa un po' tutti designer. Difficilmente si lavora al progetto di un libro trasferendo le proprie idee su un foglio. Esistono ottime scuole di grafica, ma ho l'impressione che tutto si assomigli un po'.

Quello che invece da oltre cent'anni è rimasto immutato è il processo di stampa, questa tecnologia non ha avuto grandi sconvolgimenti dall'invenzione della stampa offset: la carta deve comunque essere stampata da una matrice che trasferisce l'inchiostro, che poi viene rilegata per diventare libro, non a caso questo settore viene definito "arti grafiche". Tutt'altra cosa è il libro stampato in digitale, tecnica utilizzata per le piccole tirature, ma che allo stato attuale considero poco più di una bella "fotocopia" rilegata.

PN In questa prospettiva, l'editoria indipendente in Italia e ovunque ha un ruolo rilevante anche nel preservare una modalità di approccio "materiale" alla forma d'arte del libro, che la grande distribuzione rischia di annullare. Che stagione vive oggi il libro d'arte? C'è un mercato? C'è un collezionismo?

ML In maniera analoga al caso del vinile, dopo la presunta "morte" del libro stampato, negli ultimi decenni ho visto un grande incremento e nuova attenzione da parte degli artisti verso il libro, nonché la nascita di case editrici indipendenti. A mio avviso c'è stata una spaccatura generazionale che ora si cerca di colmare, ma molte competenze sono state dimenticate o sostituite, smaterializzandole. Il collezionismo è sicuramente una componente importante e molto vivace che ha nuovi interessi, operatori e fiere specializzate. Lo spazio libro offre ancora possibilità enormi di espressione, penso che ci sia ancora bisogno di fisicità per rendere reali i pensieri.

PN Immagino ci siano tanti progetti di libri che non hai (ancora) realizzato: me ne indichi uno?

ML Ormai sono passati tanti anni dall'ultima pubblicazione, guardando quello che sono riuscito a realizzare, il mio rammarico è che avrei potuto fare di più.

  Paola Nicolin / Michele Lombardelli

Nathalie Du Pasquier

[Biografia p. 24]

Michele traduce

[Michele Translates, p. 126]

Michele traduce.

Michele traduce le poesie in libri.

Michele traduce le immagini in libri.

Michele traduce anche le mie piccole idee in piccoli libri.

Con Michele si parla di tante cose, Michele non è il solito stampatore.

Michele sta vicino a Piacenza.

Michele è un amico, Michele è un pittore, Michele è un musicista, Michele ha delle buone idee.

Michele l'ho incontrato tanti anni fa e poi per più di vent'anni non più.

L'ho rincontrato a un concerto, un concerto di domenica, un concerto a mezzogiorno, un concerto in un negozio di un nostro amico che fa vestiti per artisti, traduttori e trasformatori.

Michele Lombardelli

[Biografia, p. 24]

Una piccola storia...

[A Short Story . . ., p. 128]

Mio padre Fausto fonda la nostra tipografia di famiglia nel 1974. Poco dopo si aggiunge mio zio Carlo, fratello di mia madre. L'azienda viene costruita sui terreni del nonno materno, in una piccola località vicino a Piacenza, Castelvetro Piacentino, sulle rive del fiume Po.

Dopo qualche anno di studi senza troppa voglia di continuare ma con una crescente passione per i libri, nel 1987 inizio a lavorare in tipografia come aiuto alle macchine da stampa.

Nel 1989 faccio il mio primo viaggio a Los Angeles. Due anni dopo, per una fortunata coincidenza, il poeta Nello Vegezzi pubblica con la casa editrice di Vanni Scheiwiller il suo libro *Le radici dell'esserci*, che viene stampato dalla nostra tipografia. Comincio così a occuparmi della stampa dei libri per Scheiwiller, che continuerò a frequentare fino alla sua scomparsa, avvenuta nel 1999. L'anno dopo entro nel Consiglio di Amministrazione della Libri Scheiwiller, restando in carica per i successivi cinque anni.

Fu proprio Vanni a consigliarmi di diventare "un piccolo editore di testi raffinati e inediti". Poco dopo pubblico il primo libro, con le poesie di Rino Cortiana e le illustrazioni dell'amico artista Carlo Berté, consolidando la mia passione per la poesia, la letteratura e l'arte.

Pubblico le prose di Mauro Sargiani in quelli che saranno i suoi primi quattro libri. Sargiani verrà incluso nel 1992 nell'antologia edita da Feltrinelli *I narratori delle riserve*, a cura di Gianni Celati.

Negli stessi anni incontro e divento amico dell'artista William Xerra, anche lui di Piacenza, molto attivo nell'ambito della poesia visiva e legato al Gruppo 63. Con lui inizio una collaborazione mai interrotta e, con il suo aiuto, nel 1992 pubblico la cartella *XXX*, con i poeti Nanni Balestrini, Franco Cavallo, Francesco Gallo e Paul Vangelisti. Nel 1993 conosco Aldo Tagliaferri – storico redattore e direttore letterario di Feltrinelli – che mi propone l'impresa di pubblicare la cartella *CBille CBelle,* con cinque incisioni di Emilio Villa, e la raccolta di poesie *12 Sybillae*.

Seguiranno la raccolta di poesie di Cortiana, un libro illustrato dell'artista Vittorio Matino, i libri di Xerra e, nel 2002, il libro fotografico di Armin Linke e Vincenzo Cabiati dedicato al cosmodromo di Baikonur.

Dopo l'ultima edizione di Milano Poesia del 1992, tramite William Xerra entro in contatto con Paul Vangelisti. Curato da Mario Giusti e Gianni Sassi, all'evento erano tra gli altri presenti i poeti Jerome Rothenberg, Amiri Baraka, Michelle Clinton e Dennis Phillips. Con Vangelisti iniziai a lavorare al volume *Morso dal Suono*, pubblicato e presentato a Los Angeles nel 1993, con poesie di Luigi Ballerini, Baraka, Clinton, Phillips, Rothenberg e Vangelisti. Questo libro segna l'inizio del mio interesse per la poesia contemporanea californiana.

A partire dal 1994 inizio a sviluppare con Paul l'idea di una collaborazione fra poeti e artisti californiani: poesie inedite o scritte appositamente per questo progetto sarebbero state accostate a una parte visiva, che avrebbe visto la collaborazione di poeti e artisti. Paul sarà l'editor dell'intera serie.

I libri non avevano una distribuzione ufficiale, non recavano il codice identificativo ISBN, venivano pubblicati per la sola gioia di farlo, per i poeti, gli artisti e i loro amici.

Con *Morso dal Suono* ricomincio a frequentare Los Angeles, che già mi aveva affascinato durante il mio primo viaggio e, attraverso Vangelisti, entro in contatto con numerosi autori californiani. Tra questi mi piace ricordare Robert Crosson, con il quale mi sono spesso trovato a condividere abitazioni e lounge bar.

Negli anni successivi torno spesso a Los Angeles per lavorare ai libri di poeti come Dennis Phillips, Martha Ronk, Diane Ward, Douglas Messerli e Guy Bennett.

Nel 2009 pubblico fuori collana un piccolo libro di fotografia dal titolo *Magical* di Sophia Hoffmann – che all'epoca aveva sei anni – e il libro di Standard Schaefer che chiuderà la serie "Poeti e Artisti" californiani, con fotografie di Giovanna Silva e alcuni miei interventi pittorici.

Nel 2005 esce per Mondadori un'antologia sulla poesia di Los Angeles, dove è contenuta la maggior parte dei poeti che avevo precedentemente pubblicato.

                                                                    Michele Lombardelli

Paul Vangelisti

[Biografia p. 24]

Tremor & Precision: una nota su ML & NLF

[Tremor & Precision: A Note on ML & NLF, p. 132]

Tutto cominciò a pranzo, un caldo giorno d'autunno del 1992. Noi poeti californiani, io, Dennis Phillips, Michelle Clinton e Jerome Rothenberg, dovevamo prendere un treno da Piacenza a Milano, dove avremmo partecipato a Milano Poesia. Invitati da William Xerra, che esponeva una sua installazione allo stesso festival di poesia, gustammo un pranzo infinito in un ristorante davanti allo studio di William a Ziano Piacentino.

Michele e William ragionavano sull'idea di fare un libro con le opere d'arte di William e le nostre poesie. Quando la conversazione finì per un momento sulla politica, il nostro ospite italiano rimarcò la dissennatezza dei politici italiani che cercavano di esporre la propria agenda in interviste televisive di mezz'ora. Noi californiani rispondemmo che nel nostro paese i politici presentavano le proprie opinioni in clip da 10–20 secondi, dette "sound bites". Benché fosse difficile da tradurre, gli italiani al tavolo suggerirono che una variazione sull'espressione "sound bites", morsi di suono, all'epoca sconosciuta in Italia, sarebbe stato un bel titolo per il libro che ci proponevamo di fare: *Morso dal suono* ("bitten by sound"), una malattia per nulla improbabile per i poeti.

E così, suppergiù, nacque *Morso dal suono*, insieme alla collana ML & NLF di Michele, a cui avrebbero fatto seguito altri dieci libri di collaborazioni tra poeti e artisti visivi losangelini.

Qui è necessaria una deviazione per arrivare a Corrado Costa, il grande poeta italiano che mi presentò William Xerra e anzi mi portò per la prima volta a Piacenza nel 1976. Corrado amava ripetere che l'unico modo per esplorare davvero un territorio era una deviazione costante e io oserei dire che l'avventura collaborativa con Michele (e con William) è stata proprio un susseguirsi di deviazioni.

Alla fine fu Corrado a deviare la sua rotta verso la natura selvaggia della California, ambientando il dramma radiofonico *Il condor* in un bar aperto fino a tarda notte su una strada che attraversa il deserto del Mojave. Il deserto di Corrado (che lui non aveva ancora visitato) debuttò al Los Angeles Theater of the Ear (L.A.T.E.) di radio KPFK nel 1978.

Poi, nel gennaio 1981, debuttò al L.A.T.E. un altro genere di natura selvaggia, quella presente in *The Dodo or the School for Night*. Dopodiché, in seguito alla trasmissione in diretta, io e Corrado andammo nel vero deserto del Mojave, dove lui incontrò l'Uomo Invisibile (gloria cinematografica degli anni Trenta) che sarebbe diventato il protagonista di uno dei suoi libri più importanti: *The Complete Films* (1983). Traducendolo qui a Los Angeles, pubblicammo *The Complete Films* in un'edizione statunitense bilingue (Red Hill Press: Los Angeles / San Francisco) che sarebbe apparsa nel paese di Corrado solo dodici anni più tardi, in seguito alla sua morte.

Così come Costa, e i suoi colleghi e collaboratori nell'importante Gruppo 63, Adriano Spatola, Giulia Niccolai e Antonio Porta, anche il giovane Michele si fece strada nella natura selvaggia dei nostri luoghi, ritornando con alcune scoperte. Tenendoci soprattutto in contatto telefonico, io e Michele esploravamo le varie combinazioni di poeti e artisti visivi che lavoravano nella California del Sud. Michele veniva a Los Angeles una o due volte all'anno, familiarizzava con il lavoro di artisti e poeti, e abbozzava il libro. Mentre io mi occupavo delle questioni editoriali, perlopiù di traduzione, Michele progettava e stampava questi volumi straordinari.

Devo ammettere che tra i dodici libri che io e Michele realizzammo tra il 1993 e il 2009, non ho un preferito. Ciascuno incarna una traduzione esaustiva in quasi ogni senso della parola: editare i testi e le immagini per un progetto specifico; occuparsi della resa dall'inglese all'italiano; trasformare le poesie e le opere d'arte in un formato di libro; e concepire i testi e le immagini come esemplari di prim'ordine di collaborazione artistica. Soprattutto, ci sforzavamo di cercare il nuovo o, nelle parole di Ezra Pound, "la novità che rimane nuova". Tendendo sempre a mente la saggezza del musicista e compositore losangelino Frank Zappa, la necessità divenne per noi l'incomparabile madre dell'inventiva.

Quando incontrai per la prima volta Michele a Piacenza, lui aveva quasi ventiquattro anni, più o meno l'età che avevo io quando iniziai a pubblicare. Circa trent'anni dopo quel pranzo a Ziano, io e Michele siamo ancora qui. Dal 2016 lavoriamo a un nuovo progetto chiamato Magra Books, dal nome del fiume Magra nell'Italia nord-occidentale, le cui acque scorrono nella Lunigiana a sud-ovest del fiabesco Golfo dei Poeti. Magra Books, in effetti, esiste da qualche parte tra Los Angeles e Bagnone (Massa-Carrara), dove si trova una casa dei miei antenati. Stampiamo ogni anno qualche *chapbook*, solitamente di trentadue pagine, di scrittori e scrittrici "appassionati della lingua, una lingua che non conosce confini". Magra Books, come l'omonimo stentatissimo fiume, si sforza di tenere a mente che la poesia è un cattivo investimento, ma spesso ispirato.

Paul Vangelisti

Biografie

NATHALIE DU PASQUIER

(1957, Bordeaux) vive e lavora a Milano. La sua carriera è cominciata come autodidatta, viaggiando fin da giovane attraverso l'Africa, l'Australia e l'India, leggendo e osservando altre culture. Nel 1979 arriva in Italia, stabilendosi prima a Roma e poi a Milano, dove entra a far parte del Gruppo Memphis, per il quale disegna numerosi tessuti, tappeti e altri oggetti. Nel 1987 decide di dedicarsi completamente alla pittura. Nel suo lavoro Du Pasquier esplora i legami che si instaurano tra gli oggetti e lo spazio in cui essi si trovano. Questa indagine si manifesta in una moltitudine di forme: dipinti, sculture, disegni, modelli, costruzioni, libri e ceramiche. L'artista agisce costantemente tra il tangibile e l'intangibile, la realtà e la finzione, il bidimensionale e il tridimensionale. Il suo lavoro è stato esposto in diverse istituzioni, tra cui: Kunsthal Aarhus, Danimarca (2023), Centre des monuments nationaux, Ville à Savoye, Poissy, Francia (2022), Museum Haus Konstruktiv, Zurigo (2022), Musée régional d'art contemporain, Sérignan, Francia (2022), MACRO, Roma (2021), Musée des Arts décoratifs et du Design, Bordeaux (2019-20), Mutina for Art, Fiorano Modenese, Italia (2019), GfZK, Leipzig, Germania (2019), Palais de Tokyo, Parigi (2019), ICA, Boston (2019), MGLC, Ljubljana, Slovenia (2018), Camden Art Centre, Londra (2018), Kunsthalle Lissabon, Lisbona (2017), ICA, Philadelphia (2017), Kunsthalle Wien, Vienna (2016), and Haute ecole d'art et de design, Ginevra (2015).

MICHELE LOMBARDELLI

(1968, Cremona, Italia) è un artista, musicista ed editore. Le sue mostre personali recenti si sono tenute al Museo MA*GA di Gallarate nel 2022 e alla Galleria Cardelli & Fontana di Sarzana nel 2023. Nel 2014 ha fondato il duo e progetto sonoro Untitled Noise. Oltre a essere stato editore indipendente, ha fatto parte di Libri Scheiwiller e Postmedia Books. Le sue pubblicazioni includono *Simmetria paralizzata* (Cardelli & Fontana, 2023), *Untitled* (Postmedia Books, 2022), *Cellar Door Paintings* (Kappa-Noun, 2022), *California* (Humboldt Books, 2020), *Los Angeles 1989 Tokyo 1991* (Humboldt Books, 2017), *Sistema di riserva e stati di transizione* (O' Artoteca, 2014), *Generale* (A&Mbookstore, 2011), *A voice comes to one in the dark* (Sputnik Editions, 2010), *A Story About the Old About Nothing About This or That* (Bonelli, 2008), *Distimico Ciclotimico Ipertimico* (Bonelli, 2005), *Echo Park, Comfort Inn* (autopubblicato, 2003) e *Catalogo* (autopubblicato, 1996).

PAUL VANGELISTI

(1945, San Francisco) è autore di più di trenta libri di poesia e rinomato traduttore dall'italiano. Le pubblicazioni recenti includono la raccolta *Motive and Opportunity* (Shearsman, 2020), *Liquid Prisoner* (Lithic Press, 2021), e la collaborazione con l'artista William Xerra, *Fragment Science, Tecnici del bianco* (Edizioni il verri, 2022). Ha curato la raccolta postuma di poesie di Amiri Baraka, *S.O.S.: Poems, 1961-2014* (Grove Press, 2015). Nel 2006 ha vinto insieme a Lucia Re il Premio Flaiano in Italia e il PEN-USA Award per la traduzione congiunta di *Variazioni belliche* di Amelia Rosselli. Nel 2010, la sua traduzione di *The Position of Things: Collected Poems, 1961-1992* di Adriano Spatola è stata premiata con l'Academy of American Poets Prize. Dal 1971 al 1982 è stato co-editor, insieme a John McBride, della rivista letteraria *Invisible City*, e dal 1993 al 2002 ha curato *Ribot*, il report annuale del College of Neglected Science. Vangelisti è stato anche direttore, dal 1993 al 2009, della collana internazionale di arte e poesia ML & NLF (Michele Lombardelli) a Piacenza, per cui ha pubblicato, in collaborazione con l'artista Don Suggs, *A Life*. Vive a Pasadena e a Bagnone, in Italia.

Don Suggs, *Tondototem Complex (Home)*, 2001
Stampa d'artista del dipinto originale / artist's print of original painting

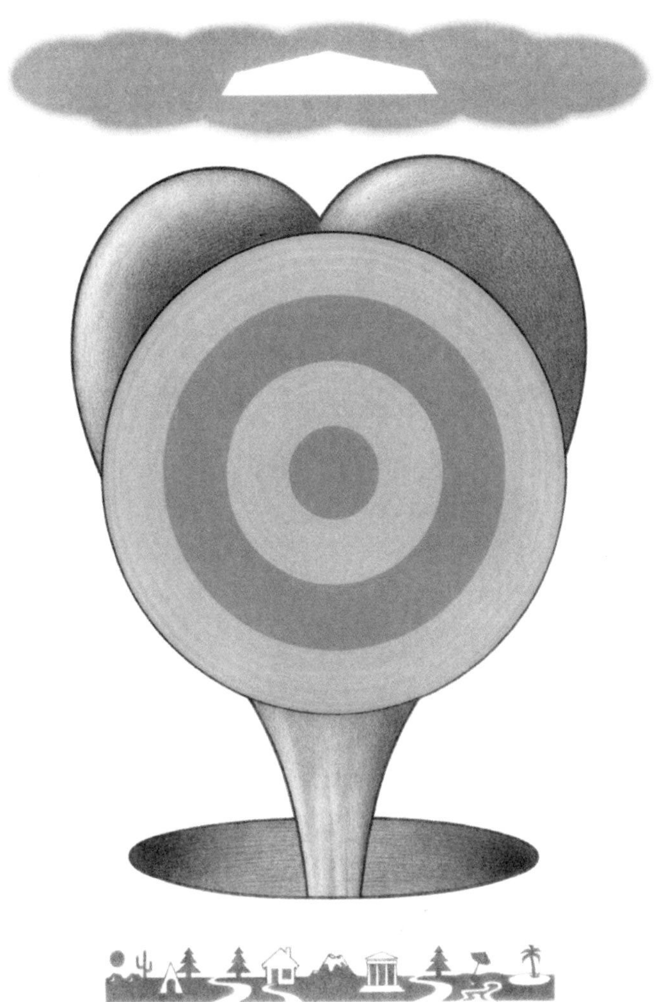

Piacenza

Edizioni di poesia, arte, letteratura e fotografia pubblicate da Michele Lombardelli tra il 1991 e il 2002 / Poetry, art, literature, and photography editions published by Michele Lombardelli between 1991 and 2002
[libri / books 1–13]

Los Angeles

Collana di libri con poeti e artisti a cura di Paul Vangelisti, pubblicata da Michele Lombardelli tra il 1993 e il 2008 / Series of books with poets and artists, edited by Paul Vangelisti and published by Michele Lombardelli between 1993 and 2008
[libri / books 14–27]

1
Rino Cortiana
Il soffio di Botticelli
Poesie di / Poems by Rino Cortiana
3 incisioni di / 3 etchings by Carlo Berté
Edizione limitata: 120 copie numerate e firmate / Limited edition: 120 numbered and signed copies
Michele Lombardelli editore
1991

Rino Cortiana

IL SOFFIO DI BOTTICELLI

con 3 incisioni di Carlo Bertè

Michele Lombardelli editore

2
Mauro Sargiani
Dizionario della quiete
Acquaforte di / Etching by Sergio Zanni
Edizione limitata: 120 copie numerate e firmate / Limited edition: 120 numbered and signed copies
Michele Lombardelli editore
1991

DIZIONARIO DELLA QUIETE

di Mauro Sargiani
con una acquaforte di Sergio Zanni

Michele Lombardelli editore

3
Mauro Sargiani
Breve diario in forma di lettera
Tempera su carta / Tempera on paper by Renato Sorrentino
Edizione limitata: 70 copie numerate e firmate / Limited edition: 70 numbered and signed copies
Michele Lombardelli editore
1992

breve diario in forma di lettera

racconti di Mauro Sargiani
tempera di Renato Sorrentino

Michele Lombardelli editore

4

XXX

Poesie di / Poems by Nanni Balestrini, Franco Cavallo, Francesco Gallo, Paul Vangelisti
2 disegni su carta di / 2 drawings by William Xerra
Edizione limitata: 48 copie numerate e firmate / Limited edition: 48 numbered and signed copies
Michele Lombardelli editore
1992

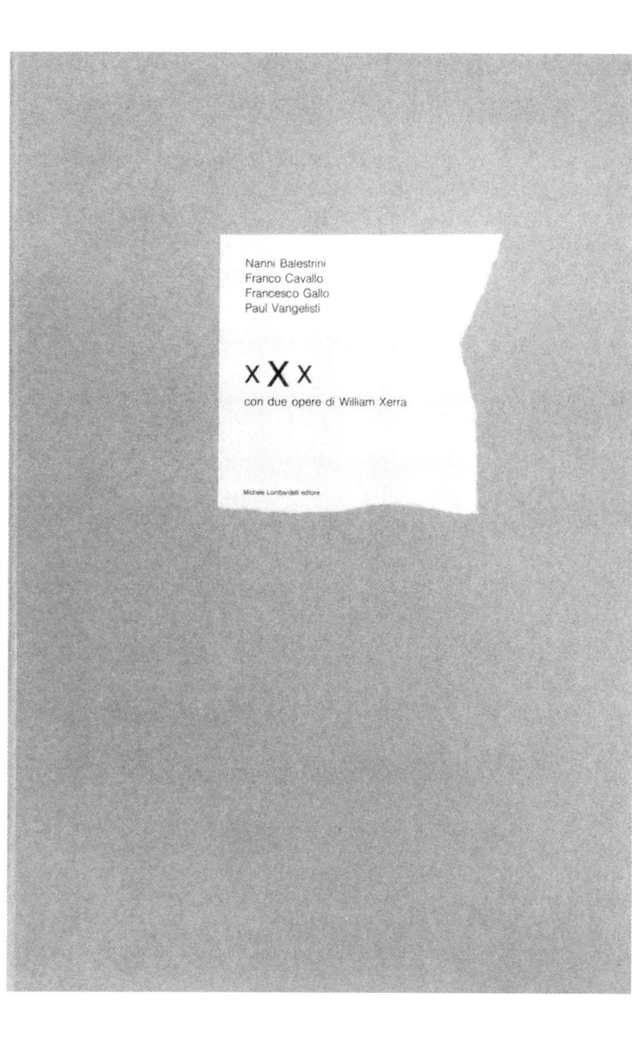

Nanni Balestrini
Franco Cavallo
Francesco Gallo
Paul Vangelisti

x X x

con due opere di William Xerra

Michele Lombardelli editore

5
Mauro Sargiani
L'amico di campagna
Tempera di / Tempera by Roberto Sguazzi
Edizione limitata: 70 copie numerate e firmate / Limited edition: 70 numbered and signed copies
Michele Lombardelli editore
1994

michele lombardelli editore

l'amico di campagna

racconti di mauro sargiani con una tempera di roberto sguazzi

6
Mauro Sargiani
Canto d'ottobre
Tempera di / Tempera by Renato Sorrentino
Edizione limitata: 60 copie numerate e firmate / Limited edition: 60 numbered and signed copies
Michele Lombardelli editore
1994

michele lombardelli editore

canto d'ottobre

racconti di mauro sargiani con una tempera di renato sorrentino

7
Emilio Villa
12 Sybillae
Poesie di / **Poems by Emilio Villa**
Con un saggio di / **With an essay by Aldo Tagliaferri**
Michele Lombardelli editore
1995

EMILIO VILLA
12 SIBYLLAE

con un saggio di Aldo Tagliaferri

Michele Lombardelli editore

8
Emilio Villa
CBille CBelle
5 incisioni di / 5 etchings by Emilio Villa
Con un testo di / With a text by Aldo Tagliaferri
Edizione limitata: 23 copie numerate e firmate / Limited edition: 23 numbered and signed copies
Michele Lombardelli editore
1995

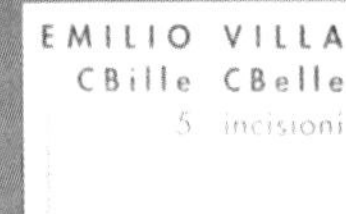
EMILIO VILLA
CBille CBelle
5 incisioni

9
William Xerra
6 fogli profumati
Edizione limitata: 15 copie numerate e firmate / Limited edition: 15 numbered and signed copies
Michele Lombardelli editore
1995

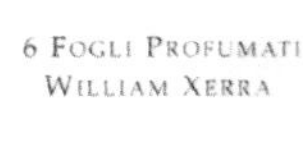

6 FOGLI PROFUMATI
WILLIAM XERRA

Michele Lombardelli editore

10
Rino Cortiana
Venezia Venusia Vanesia
Poesie di / Poems by Rino Cortiana
Copertina di / Cover by Natalino Andolfatto
9 illustrazioni di / 9 illustrations by Vittorio Maltino
Postfazione di / Afterword by Matteo Noia
Traduzione in francese di / French translation by Monique Baccelli
Michele Lombardelli editore
1995

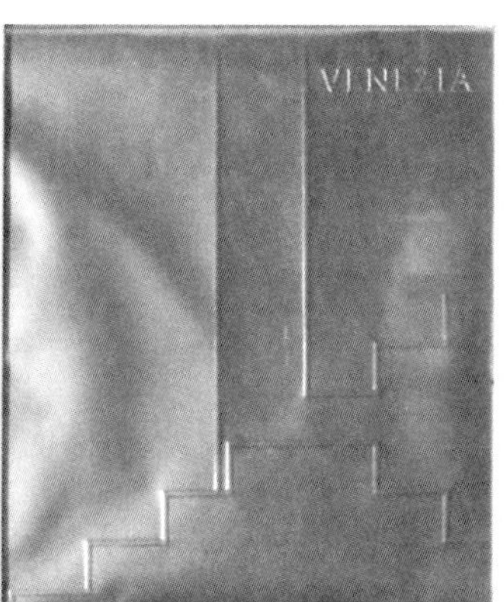
VENEZIA   VENUSIA VANESIA

11
William Xerra
Orme
Con un testo di / With a text by Sandro Parmigiani
Edizione limitata: 350 copie / Limited edition: 350 copies
Michele Lombardelli editore
2001

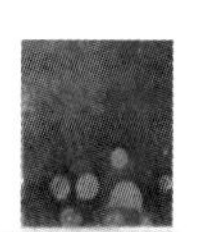

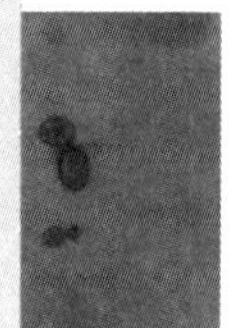

orme

12
Vittorio Matino
Ora tenue ora intensa
Postfazione di / **Afterword by Aldo Tagliaferri**
Edizione limitata: 200 copie / Limited edition: 200 copies
Michele Lombardelli editore
2001

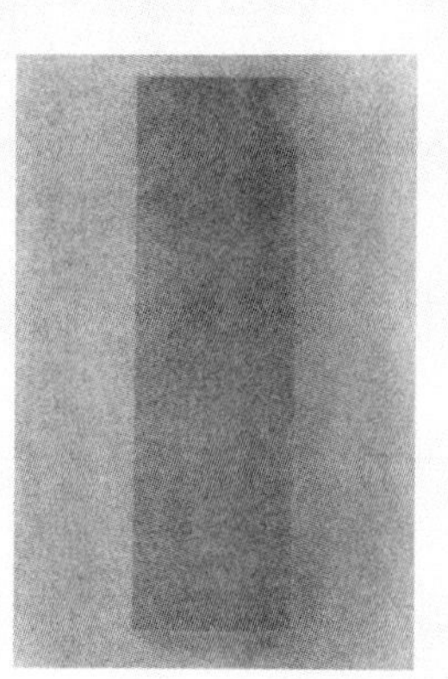

ora tenue ora intensa

13
Vincenzo Cabiati, Armin Linke
Baikonur Cosmodrome
A cura di / Edited by Michele Lombardelli
Nuova Lito Effe
2002

BAIKONUR COSMODROME

Armin Linke, Los Angeles, 1999

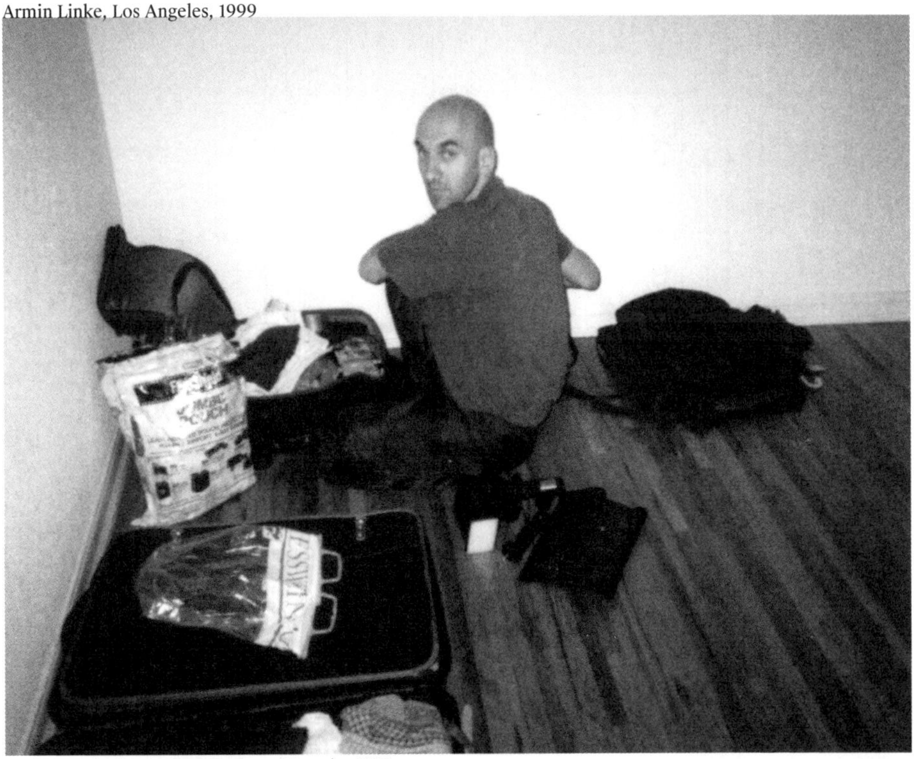

Carlo Berté e / and Rino Cortiana, Venezia, 1991

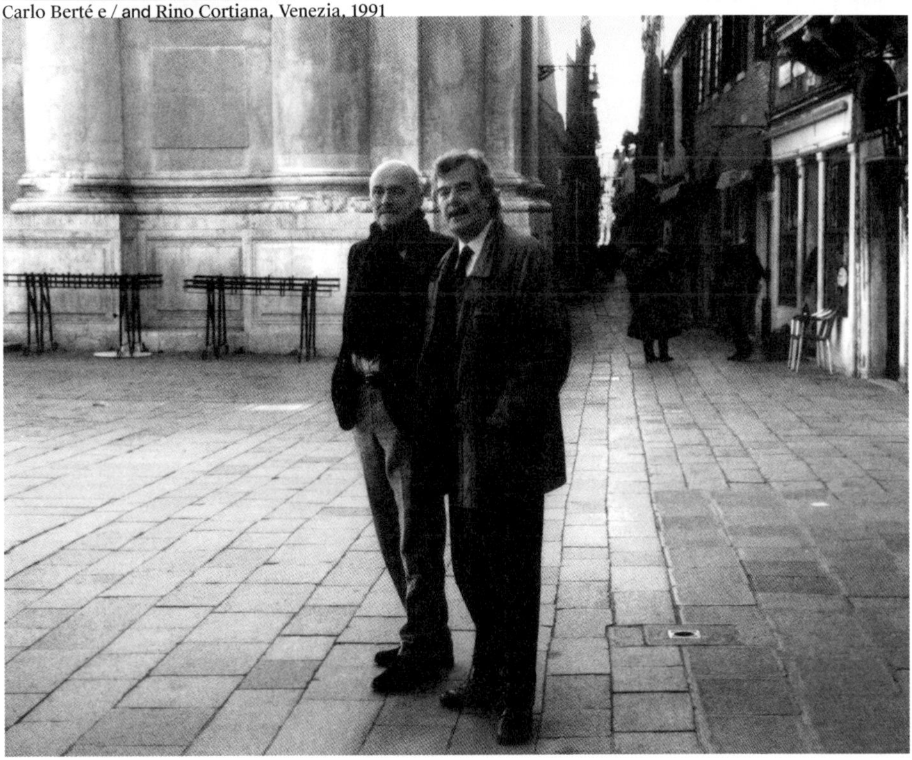

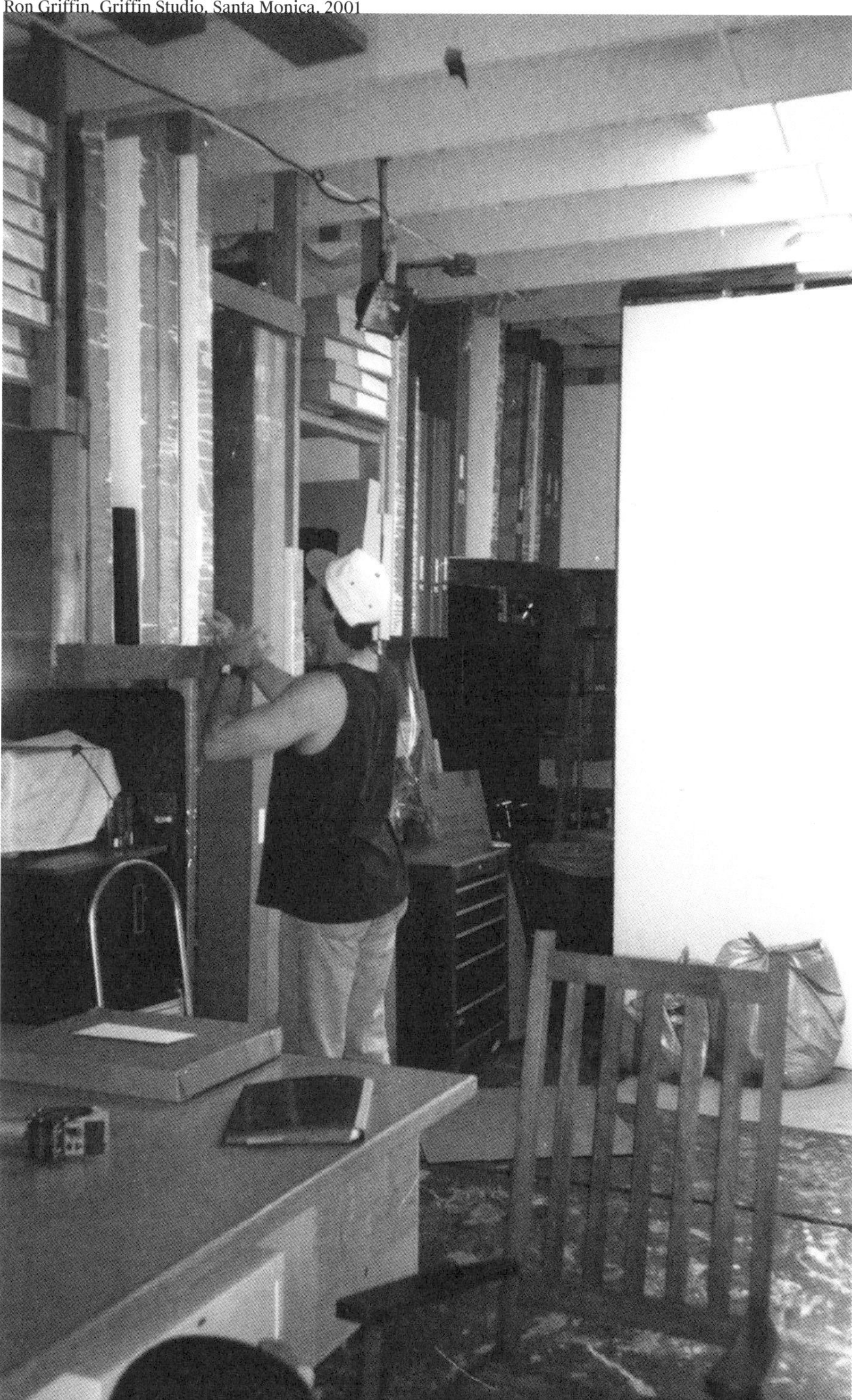
Ron Griffin, Griffin Studio, Santa Monica, 2001

Paul Vangelisti e / and William Xerra, Los Angeles, 1994

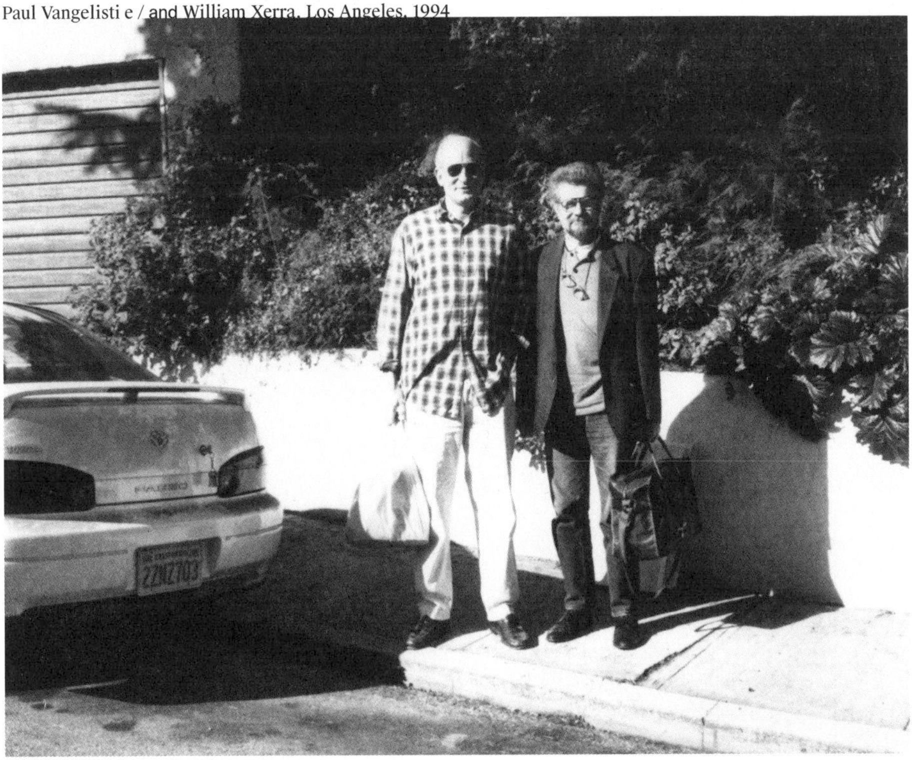

Paul Vangelisti, Los Angeles, 2001

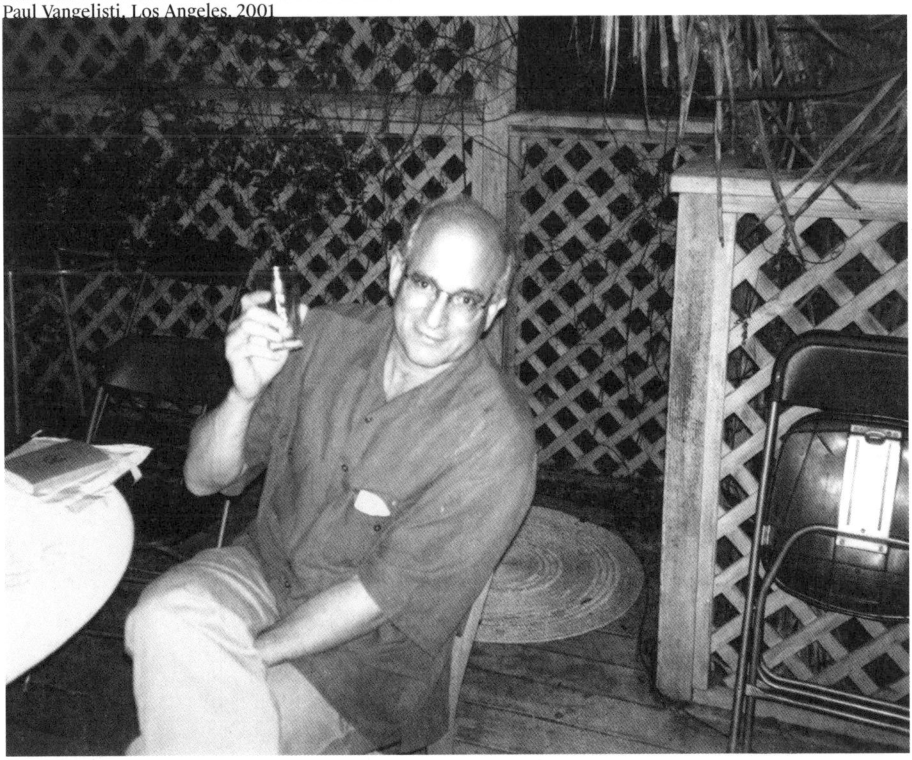

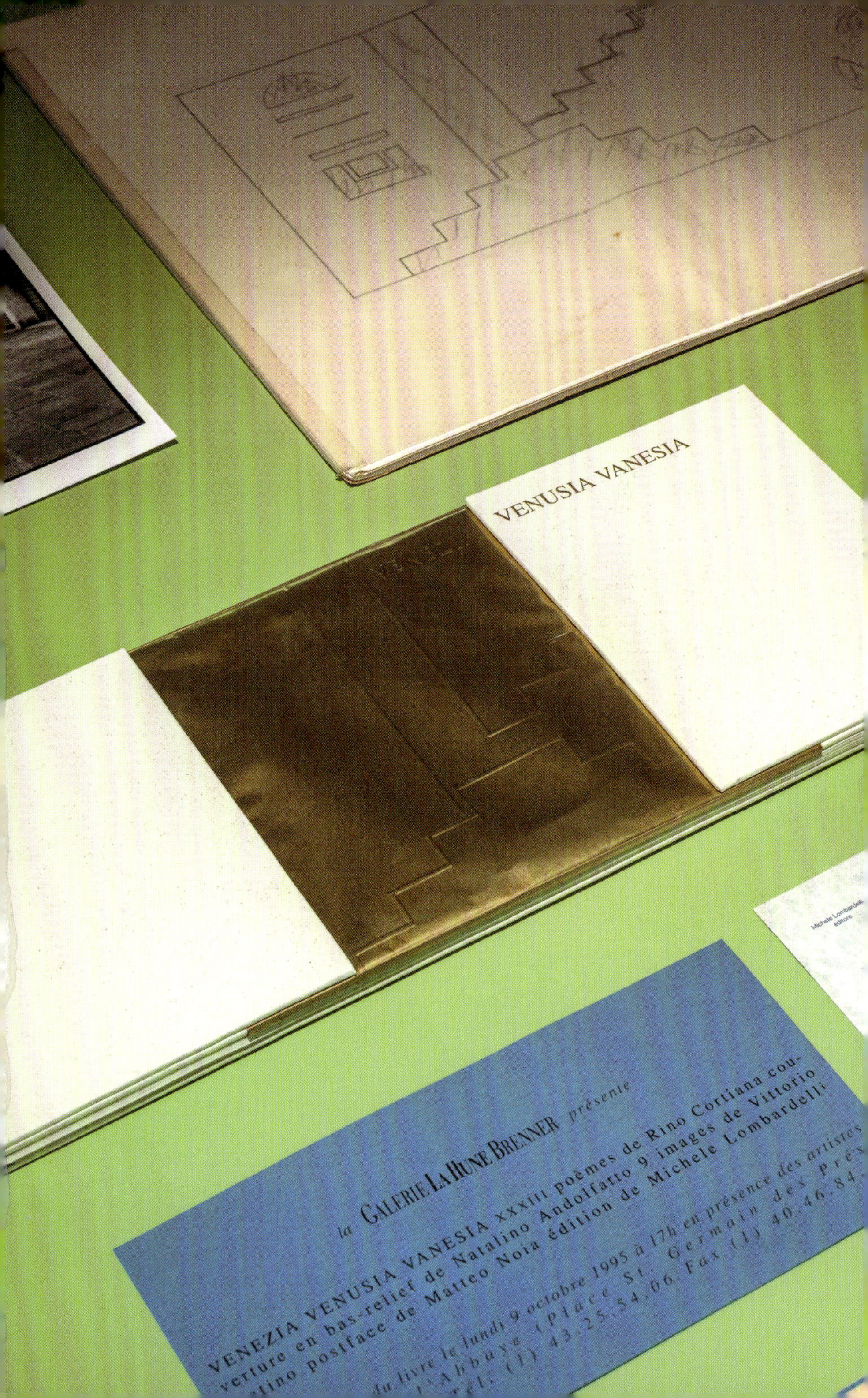

VENUSIA VANESIA
la GALERIE LA HUNE BRENNER présente
VENEZIA VENUSIA VANESIA XXXIII poèmes de Rino Cortiana cou-
verture en bas-relief de Natalino Andolfatto 9 images de Vittorio
...lino postface de Matteo Noia édition de Michele Lombardelli
du livre le lundi 9 octobre 1995 à 17h en présence des artistes
l'Abbaye (Place St. Germain des prés
Tél. (1) 43.25.54.06 Fax (1) 40.46.84.
Michele Lombardelli editore

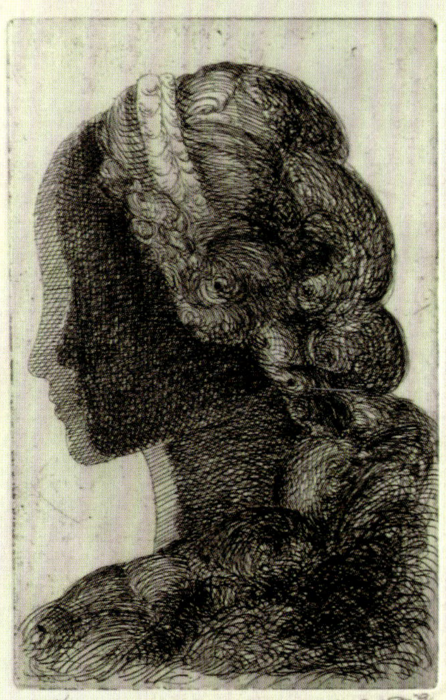

Ray Dowell, disegno da / drawing from *Caper, Vol. II*, 2006

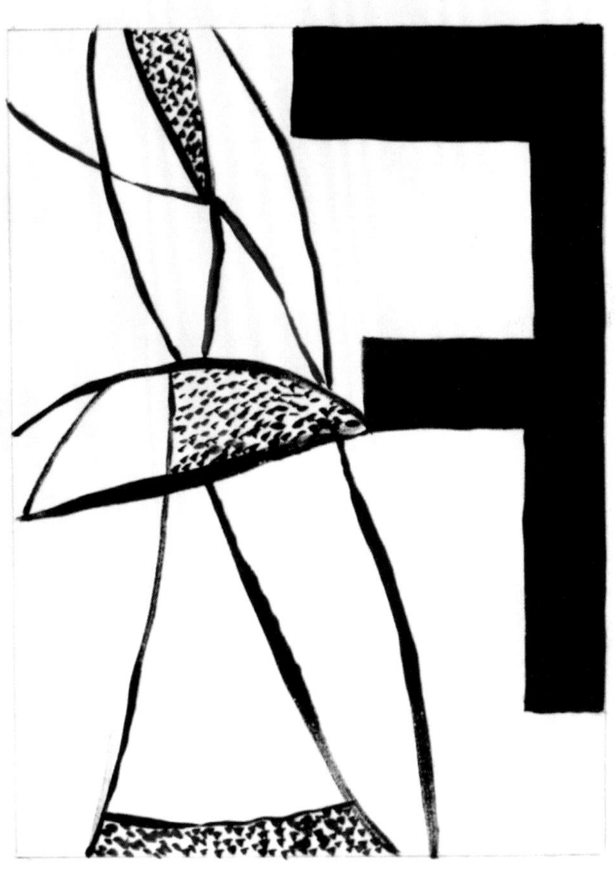

Progetto di copertina per / cover sketch for *Drive to Cluster*, 2003

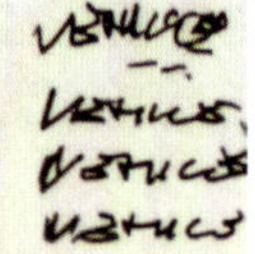

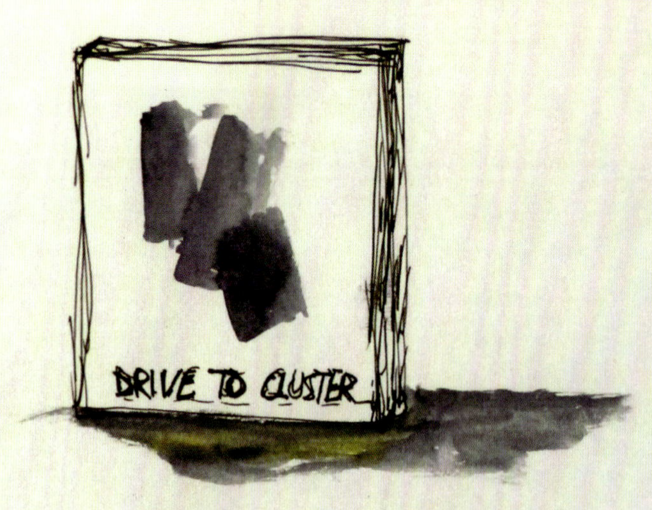

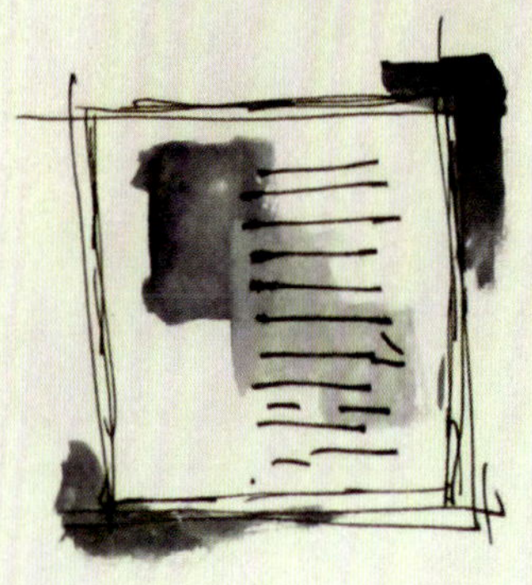

clear to high, whining trill
a   oh! origin's atom
lot   is licked and cooed
of   in looping
vowels
the figure of a head
bends itself
over time

in interconnection, suffer some damage
(not too useful)

head bent over spliced liaison
neck locates languages to sever

Seeping, all alone?

a slip of punctuaction without context
all tied into flux   taken (with a grain of
to be in flight's lift's exerting an upward flow
to be full of emanation
impure forms of fuse
and floating salvos
overflown
a small part of anything split

a small part of anything split
impure forms of fuse
and floating salvos
overflown
to be full of emanation
to be in flight's lift'exerting
an upward flow
all tied into flux   taken (with a grain of
a slip of punctuation without context
Seeping, all alone?
head bent over spliced liaison
neck locates languages to sever
in interconnection, suffer some damage
(not too useful)
the figure of a head
bends itself
over time
a   oh! origin's atom
lot   is licked and cooed
of   in looping
vowels

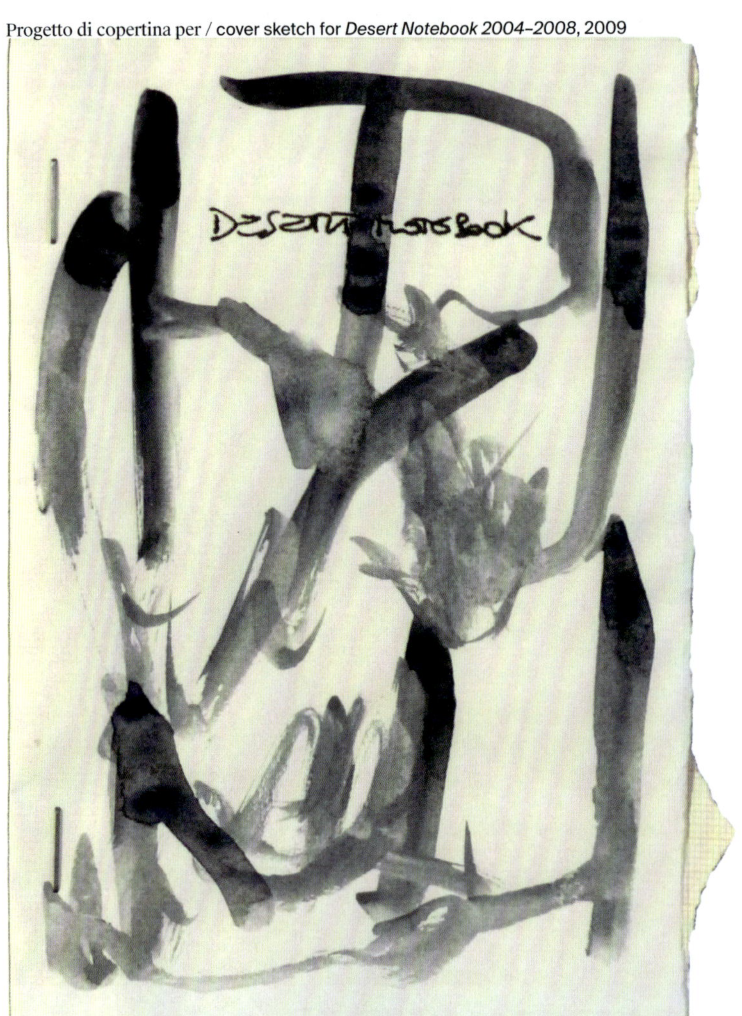

Progetto di copertina per / cover sketch for *Desert Notebook 2004–2008*, 2009

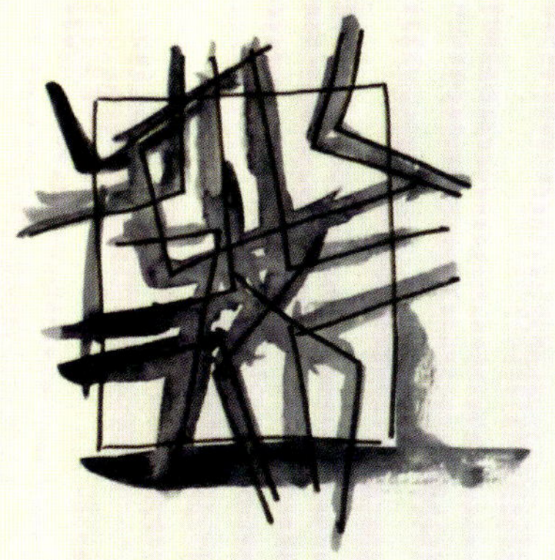

Progetto di copertina per / cover sketch for *The Blue Soprano*, 1994

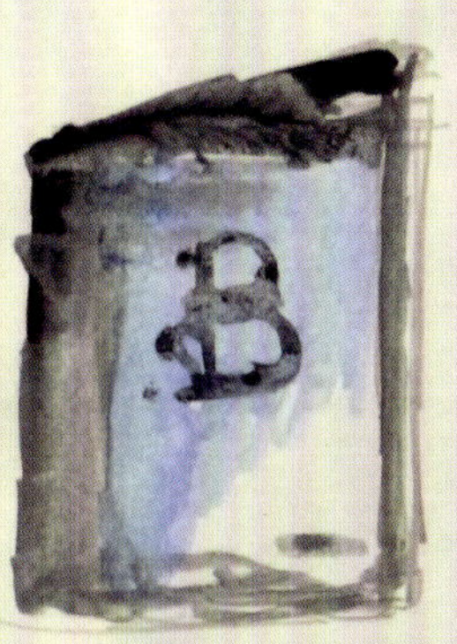

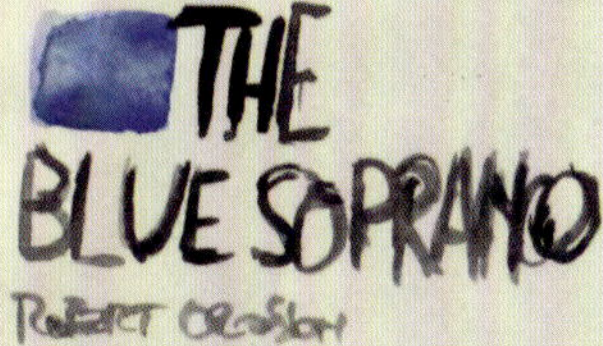
THE
BLUE SOPRANO
Robert Olsson

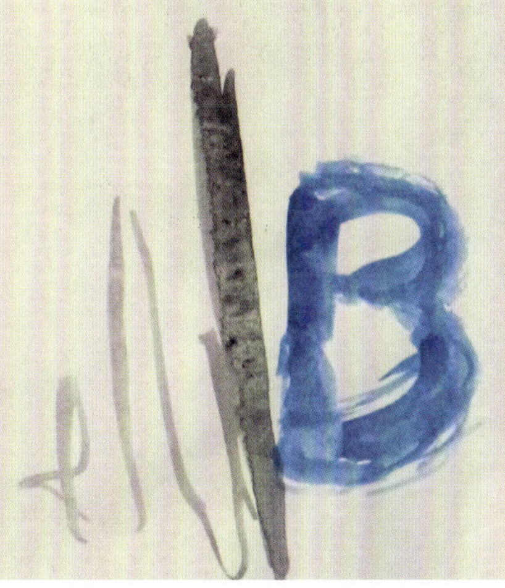

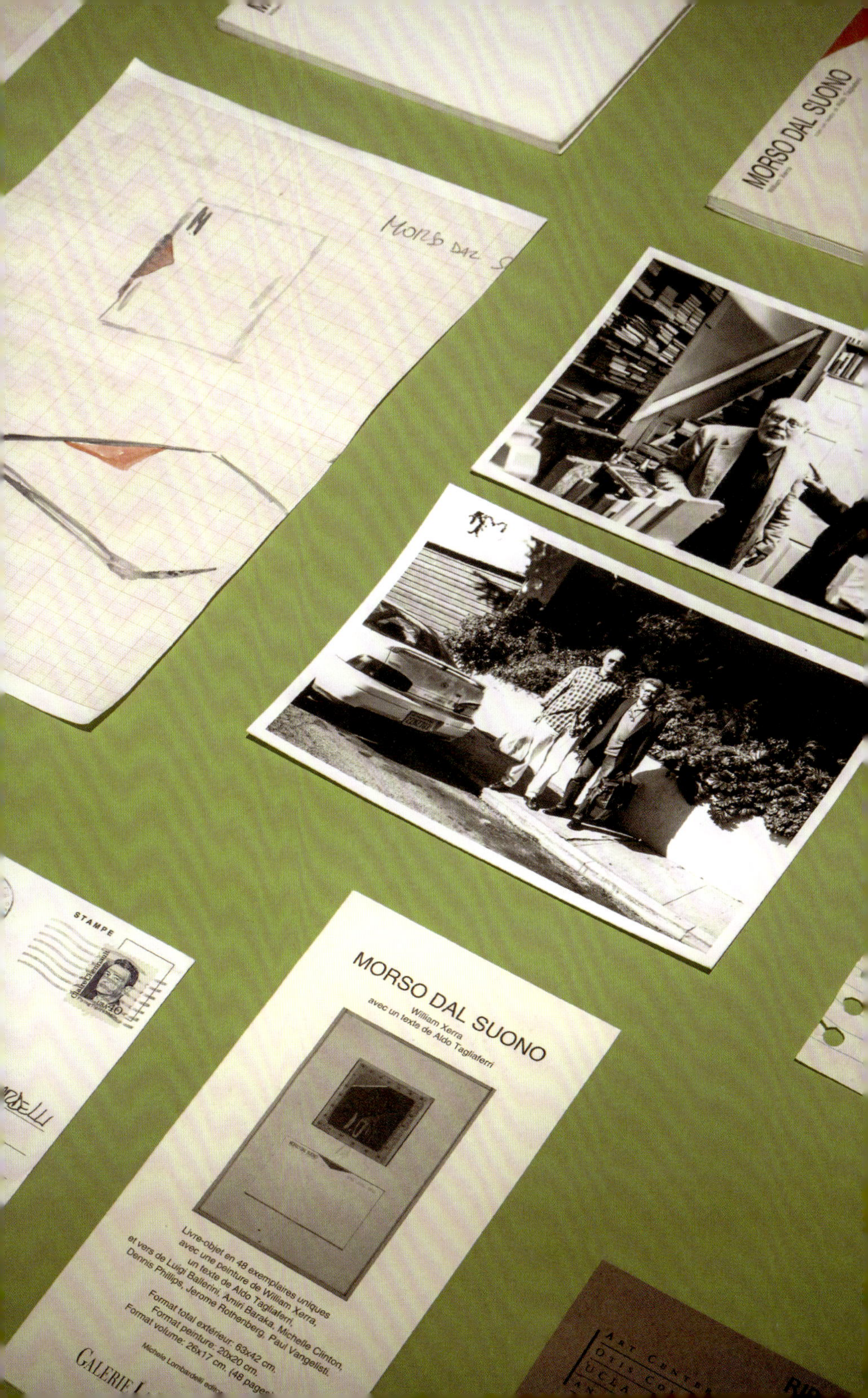

MORSO DAL SUONO
Morso dal S
STAMPE
MORSO DAL SUONO
William Xerra
avec un texte de Aldo Tagliaferri
Livre-objet en 48 exemplaires uniques
avec une peinture de William Xerra,
un texte de Aldo Tagliaferri
et vers de Luigi Ballerini, Amin Baraka, Michelle Clinton,
Dennis Phillips, Jerome Rothenberg, Paul Vangelisti.
Format total extérieur: 63x42 cm,
Format peinture: 20x20 cm,
Format volume: 26x17 cm, (48 pages
Michele Lombardelli editi
GALERIE L
ART CENTR
OTIS CO
UCLA
AN

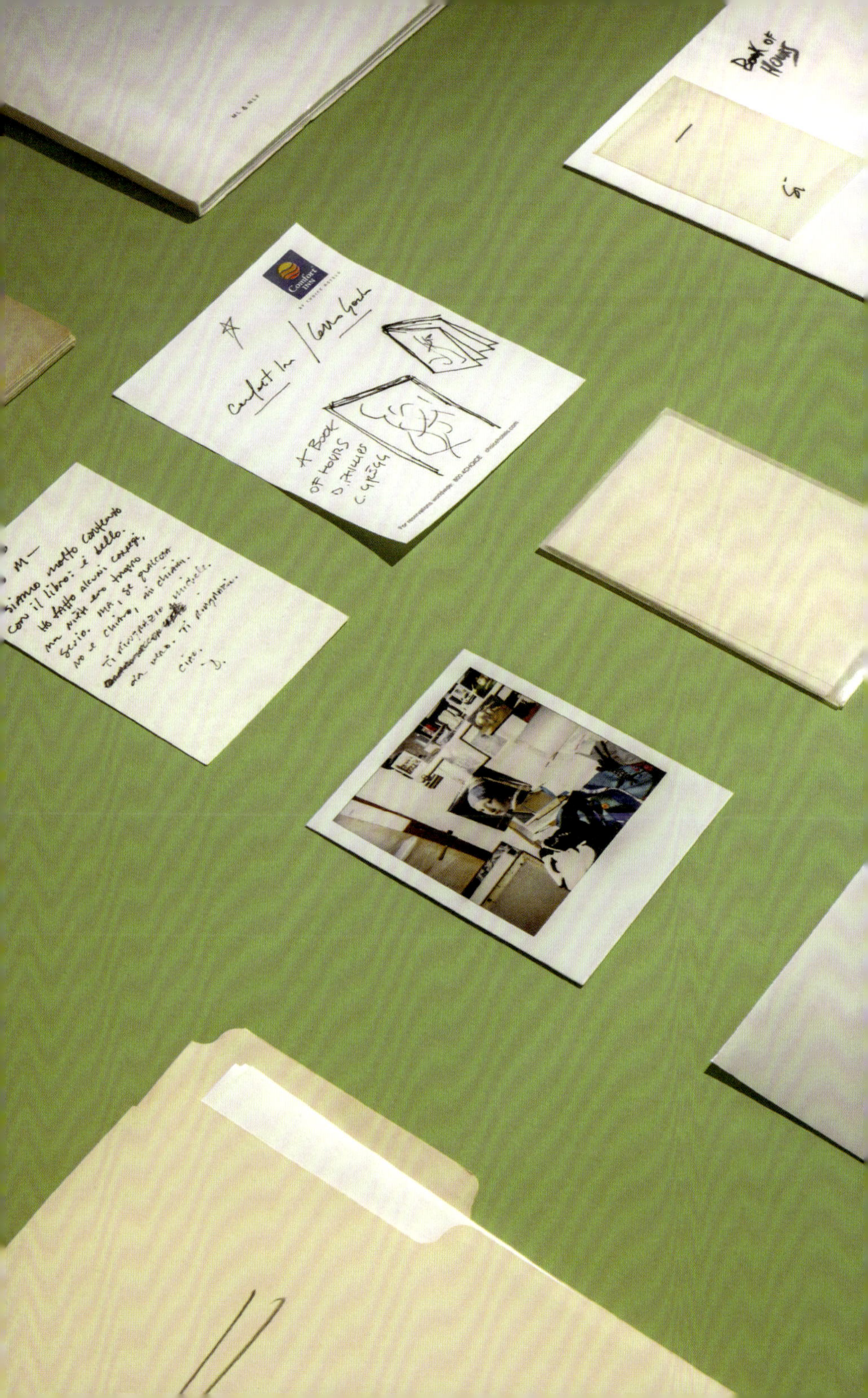

Book of Hours
1
io
Book
of hours
D. Phillips
C. Groth
No chance
Comfort Inn

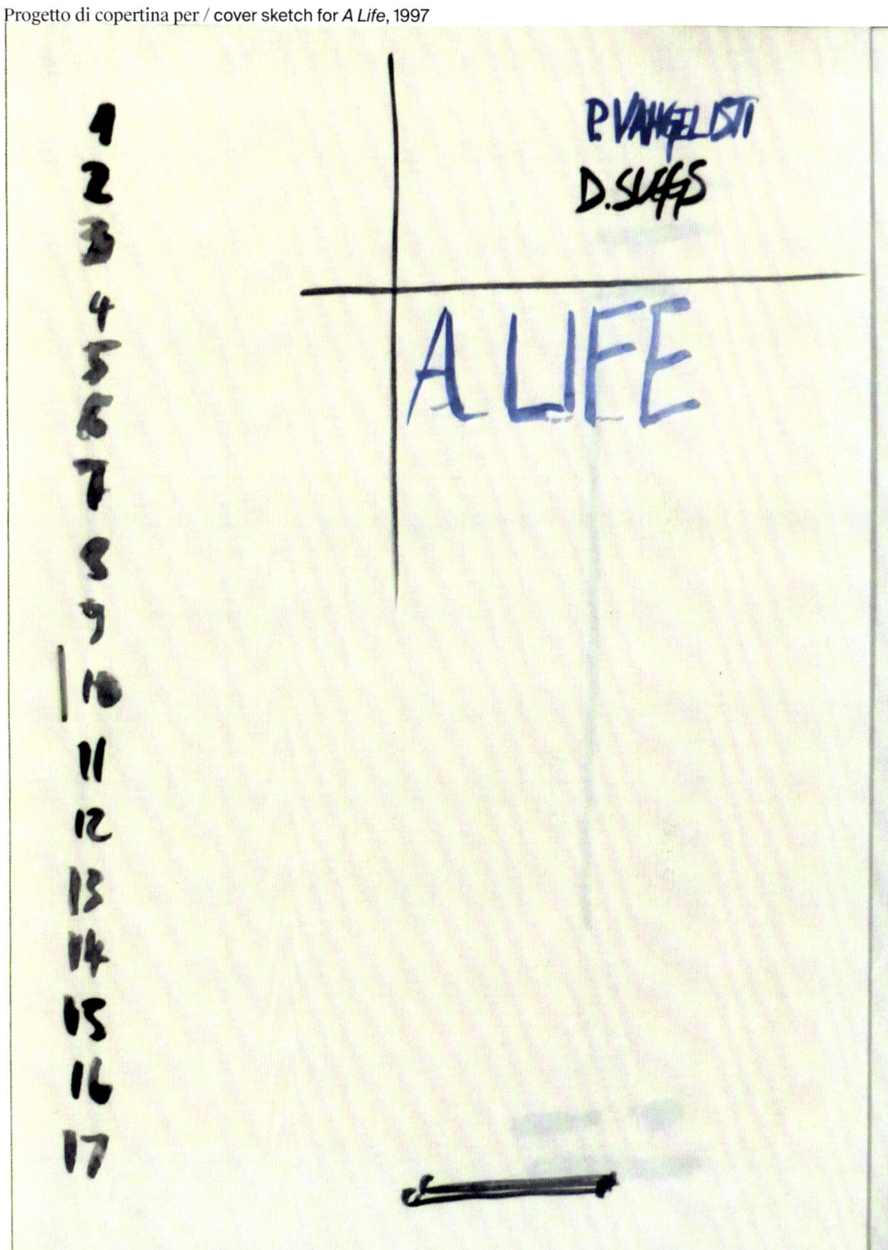
1
2
3
4
5
6
7
8
9
10
11
12
13
14
15
16
17
P. VANGELISTI
D. SUSS
A LIFE

Progetto di copertina per / cover sketch for *Morso dal suono*, 1993

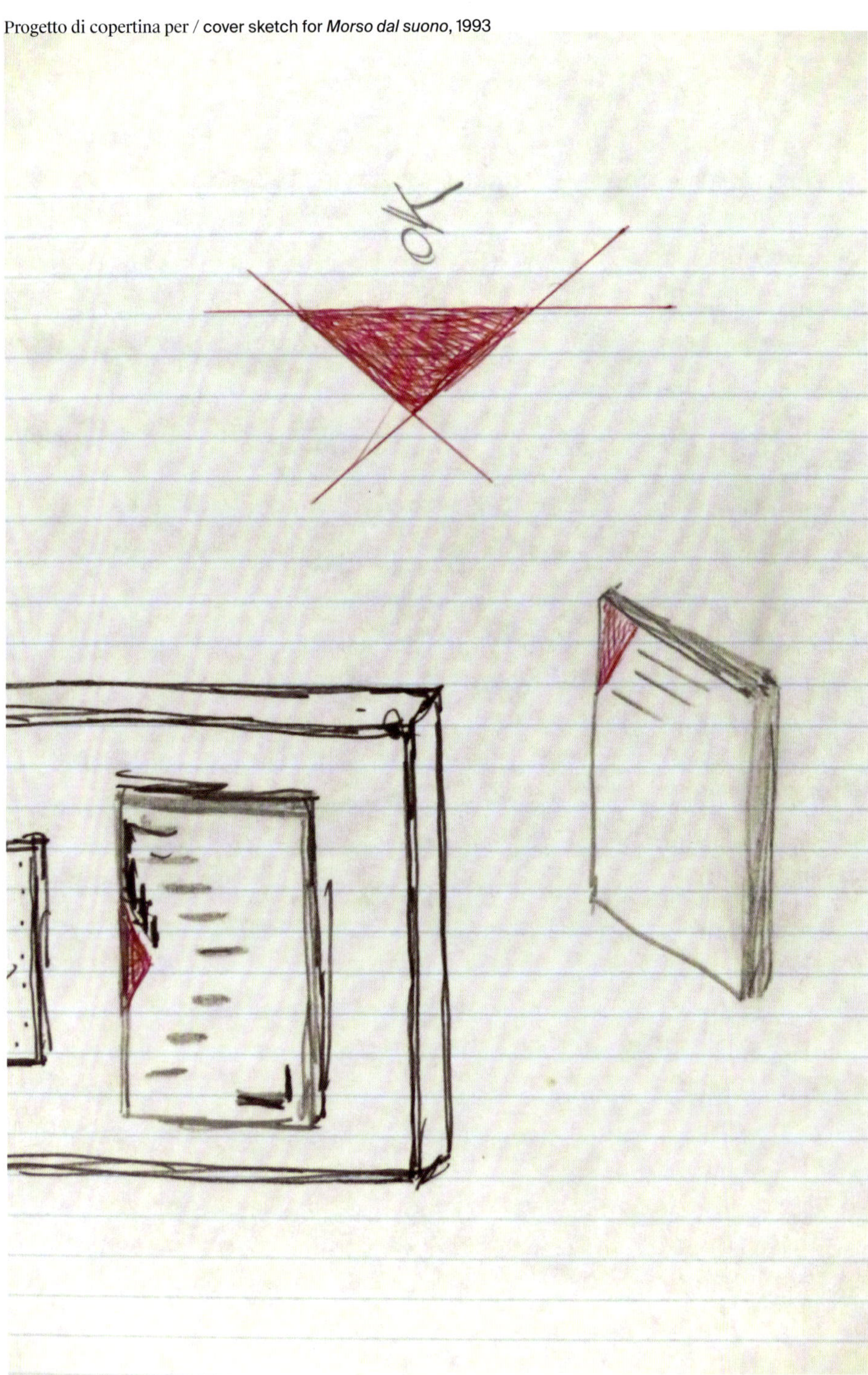

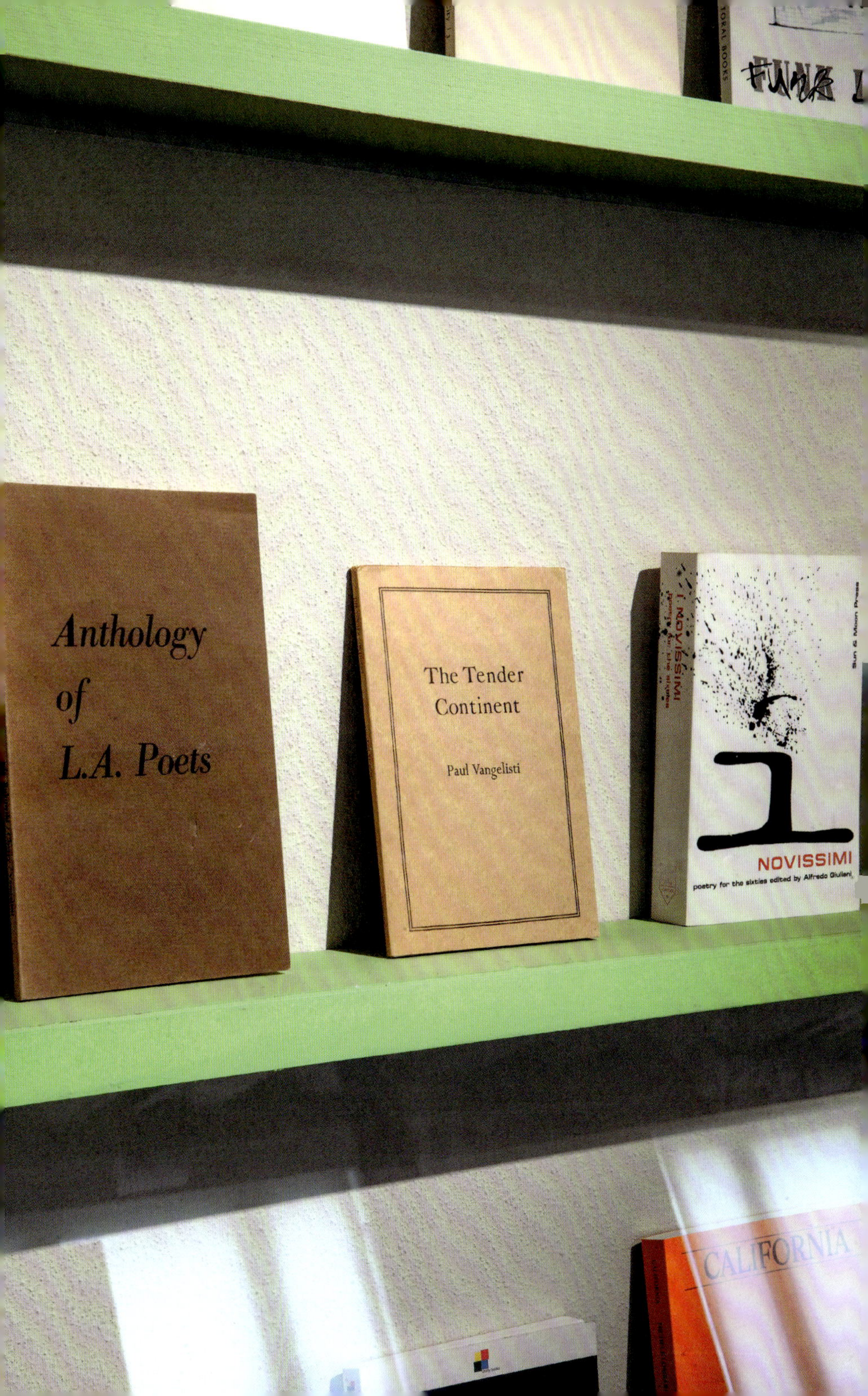
Anthology
of
L.A. Poets
The Tender
Continent
Paul Vangelisti
NOVISSIMI
poetry for the sixties edited by Alfredo Giuliani
CALIFORNIA
FUNK

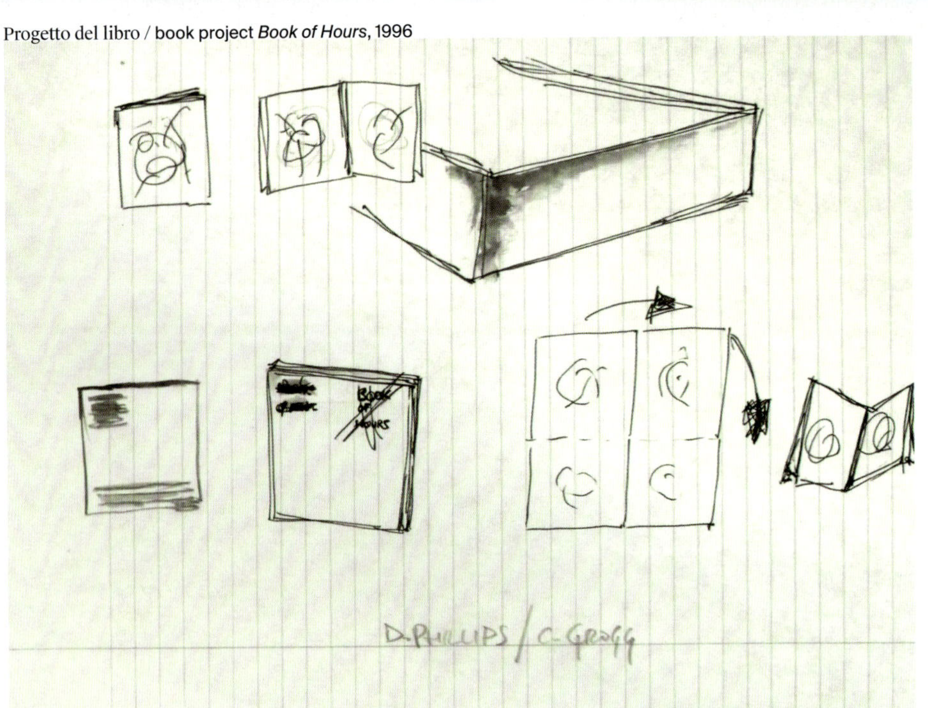

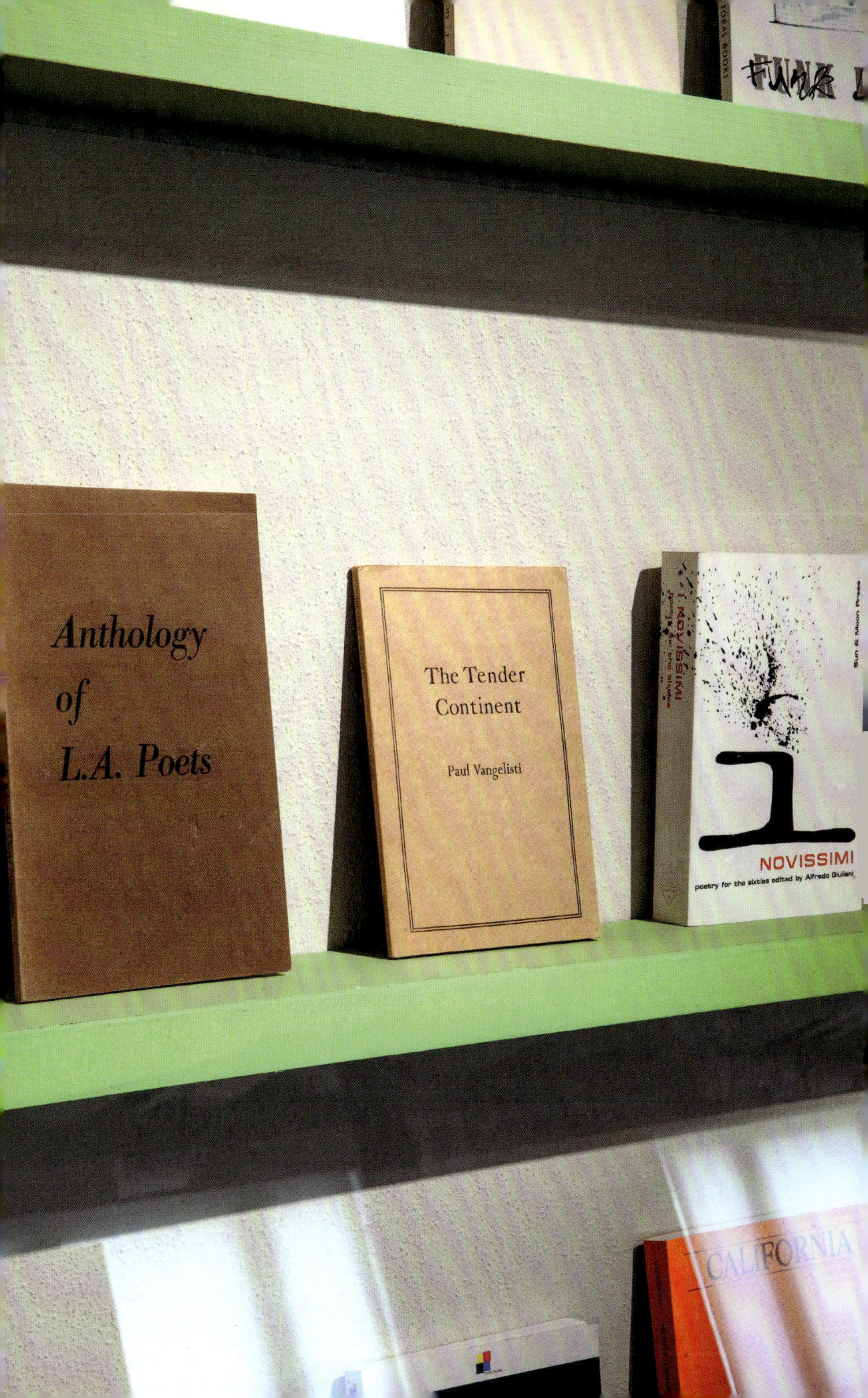

Anthology
of
L.A. Poets
The Tender
Continent
Paul Vangelisti
NOVISSIMI
poetry for the sixties edited by Alfredo Giuliani
Sun & Moon Press
CALIFORNIA

Progetto del libro / book project *Book of Hours*, 1996

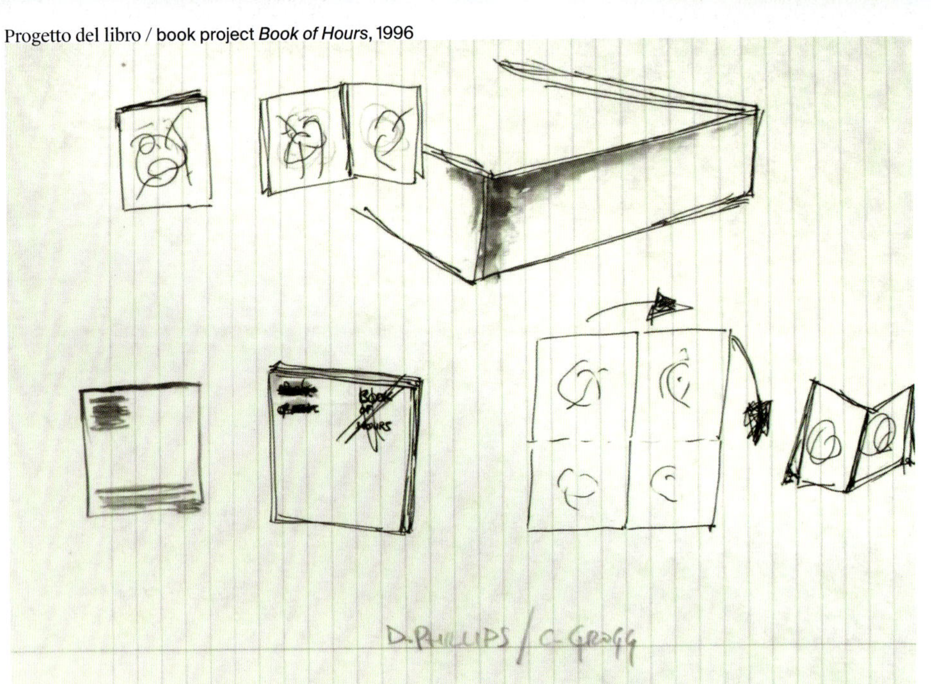

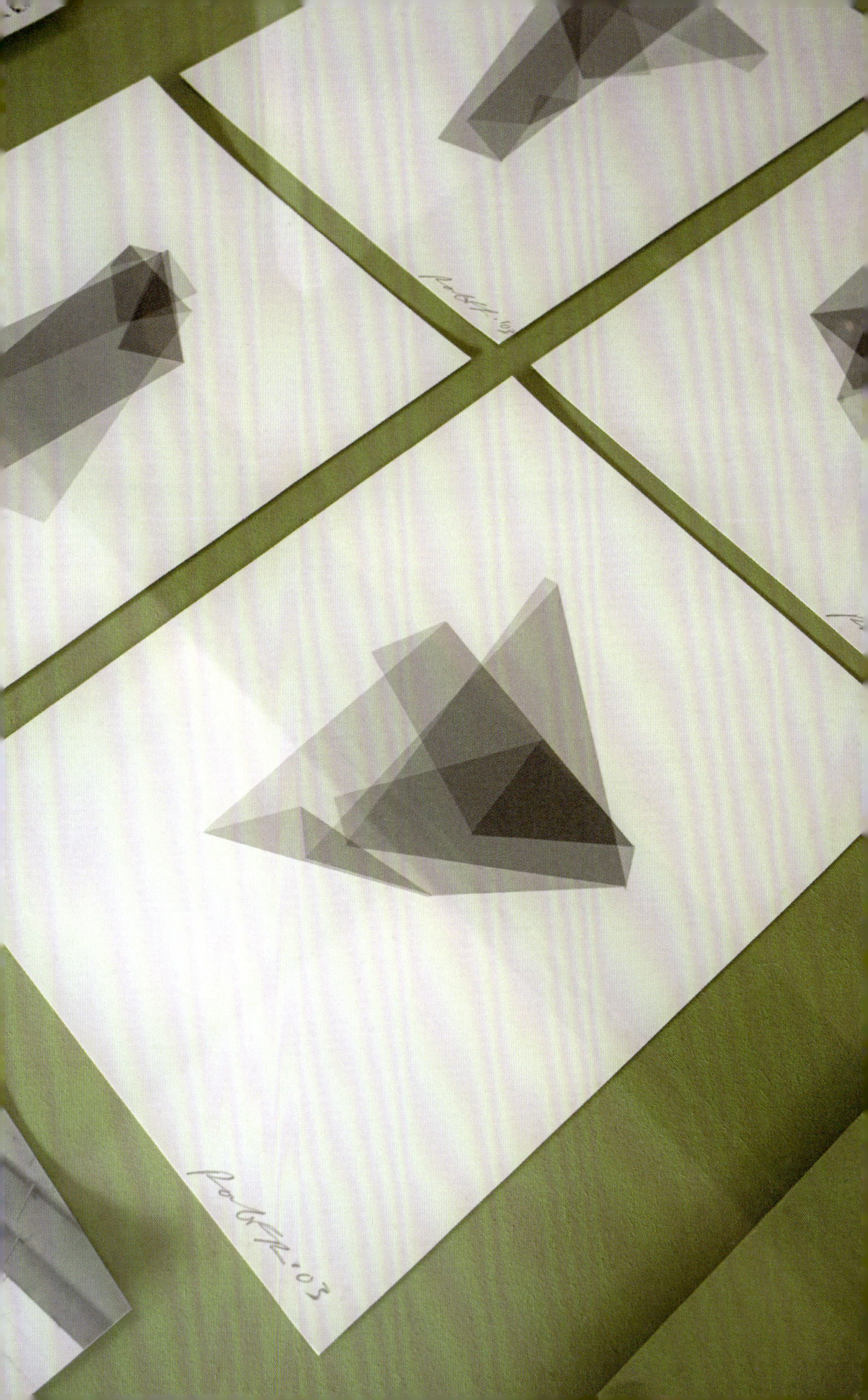

Allegoria del futuro

Stringendo l'illusione come una manina
e la propria non stretta da nessuno
che assomiglia a un padre . Le madri più avanti.
Un piede su gusci secchi, l'altro su bagnati
anche sull'orlo del giorno.
Come descrivere la sfumatura dello sfondo
o il mantello di grigio senza figure.

Ecco perché contano le piume
nel regno dei morti oltre il buco della serratura.
L'occhio non riesce a distinguere
la figura offuscata venuta a dire
chi per lungo silenzio parea fioco.[1]
Non verranno più uomini
della maniere impeccabili *con le*
nessuno sguardo modestamente chino
fino all'orlo del disastro
o lasciando andare le dita cinque volte.

Avvicinando da dietro
quelli senza faccia
sulla superficie di un mare liscio
impedisce al sole di sorgere.
Chiudere gli occhi, il lavoro di una vita.

"nothing like": negazione di somiglianza, non affatto come padri
"shells": anche conchiglie (o cartucce)
"the wash": slavato, oppure l'azione delle onde sulla spiaggia, o di una corrente d'acqua (che erode) contro la sponda.
"no wonder": non c'è da meravigliarsi se... non è sorprendente che... è ovvio... si capisce che...

[1] Dante

"la Divina Commedia"

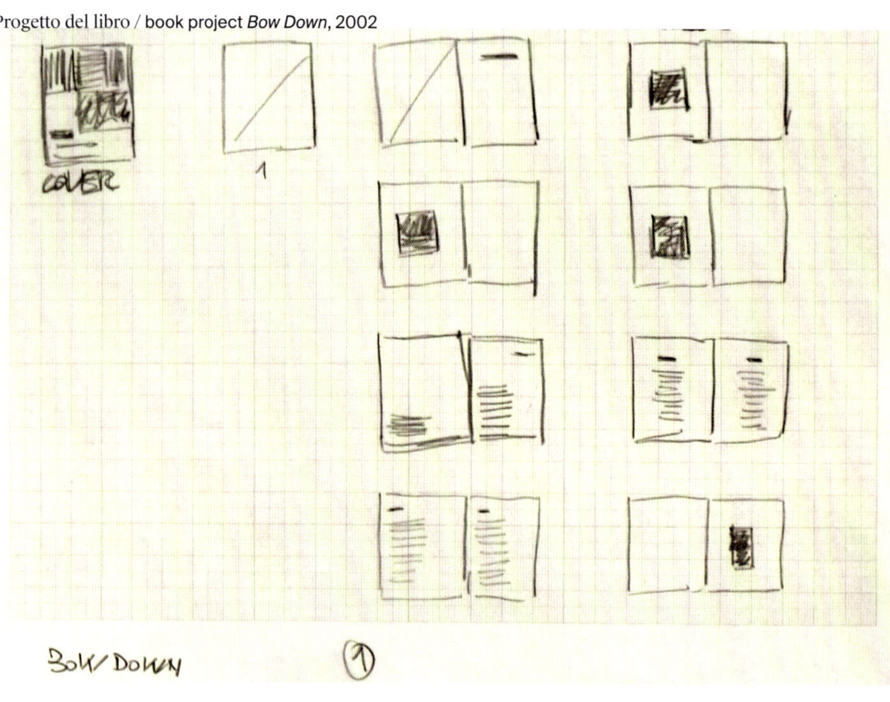

COVER
1
BOW DOWN

Progetto di copertina per / cover sketch for *Breve diario in forma di lettera*, 1992

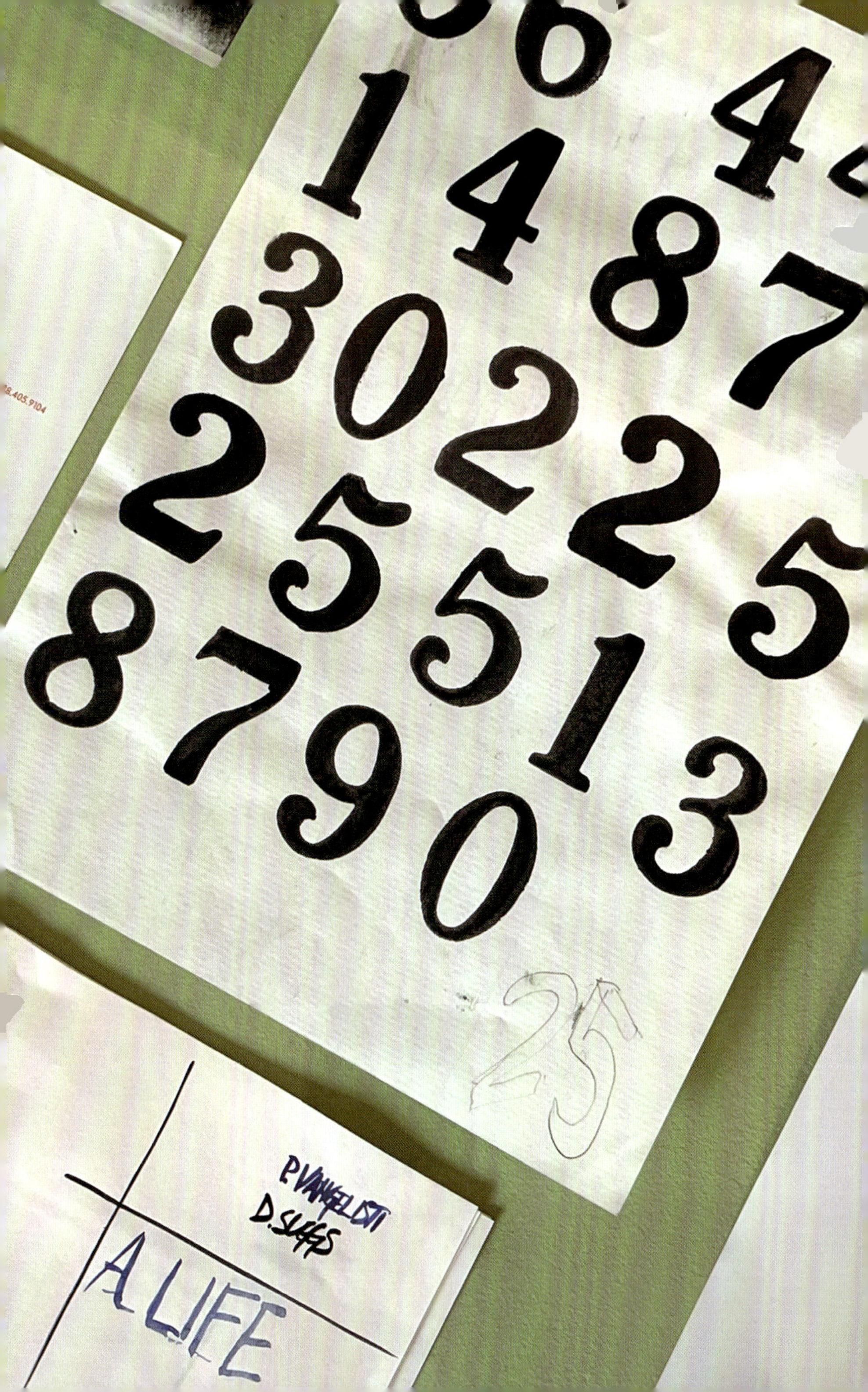
P.VANGELISTI
D.SUGGS
A LIFE

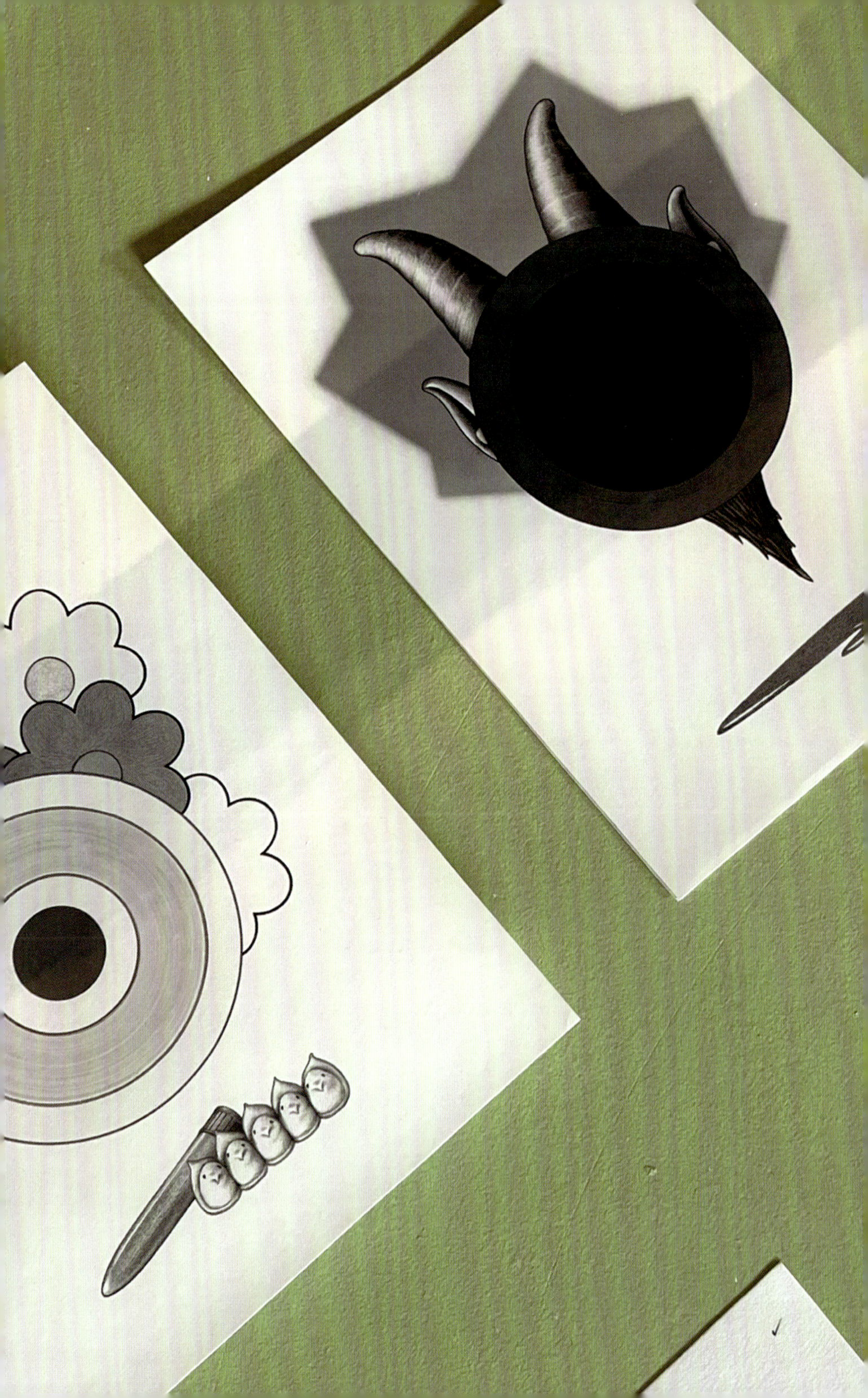

Michele _& William:
Happy New Year!

Jan. 8,95.

The Book is <u>beautiful</u>—your care and concern moreso.
Thank you very much.!!!...Today got a call from
Guilano: happy New Year—chow, chow: <u>CHOW!"</u>
I feel it be good season.

All copies received (via Paul):#'s 110-120.

I love the B on William's drawing (in obverse):
rough alphabet in the middle of a desert.
We concert. and perhaps celebrate <u>Wasteland</u>.
(not at all T.S. Eliot).

Many, many <u>thanks</u>.
(!!!!!!)··it's a New Year afterall.
With bagpipes at midnight.
(and few gunshots.)

I take curb to.
God Bless.

again: B. (a raining midnight—)
with all birds asleep.

            And that guy with bagpipes tooting his (solo)
            song atop the hill adjacent.

Saying...

(thanks.

        to anyone left listening.

                        Robert Crosson
                        -3132. - L.A.

For Michele

Yes is for a very young man,
A dedicated one—embraces.
Hello and yes.
Many thanks.

Very many.
Yes and yes.
Hello.
And yes.

As always.
Of course,

B. C.   4-18-97. L.A.

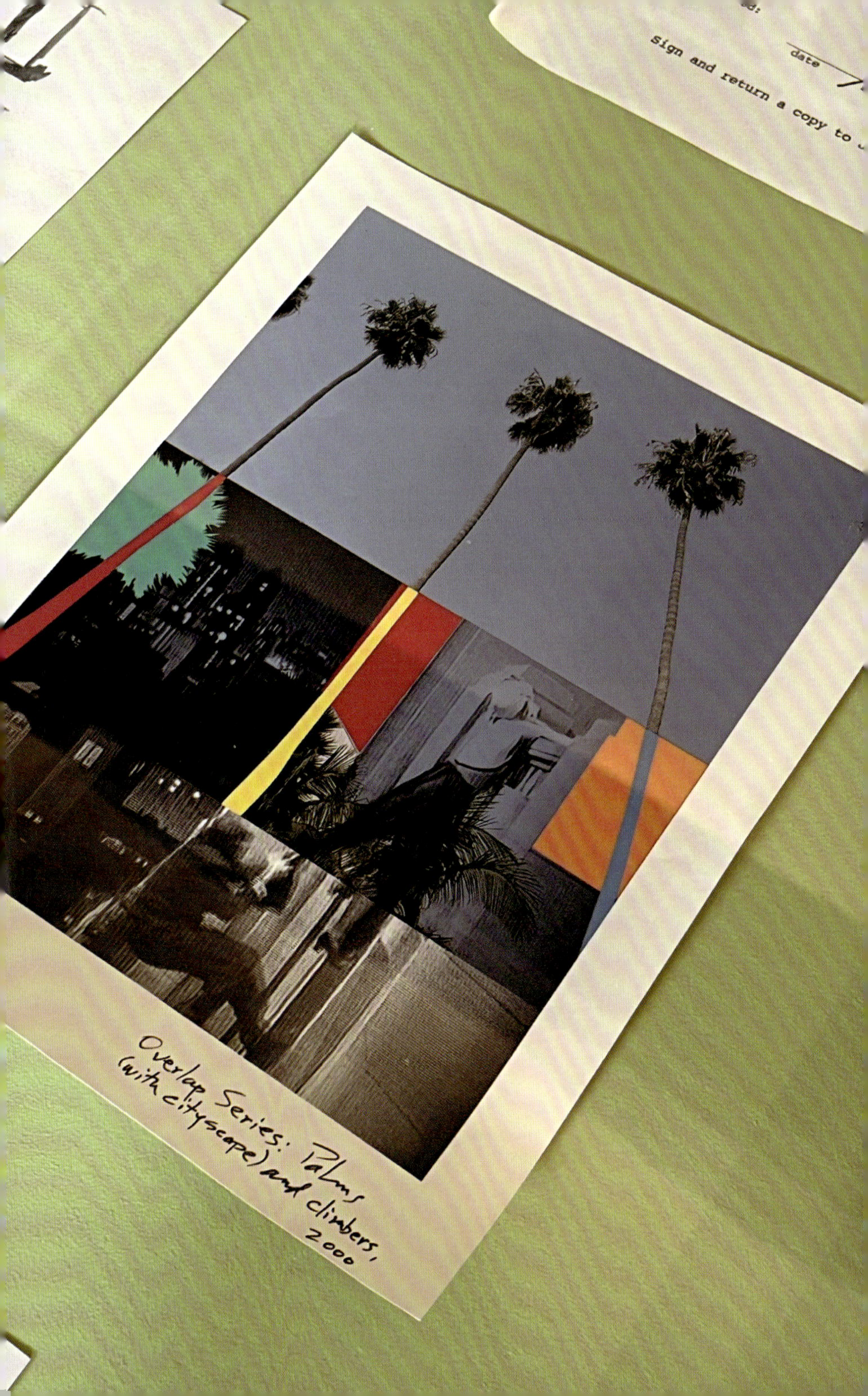
Overlap Series: Palms
(with cityscape) and climbers,
2000,

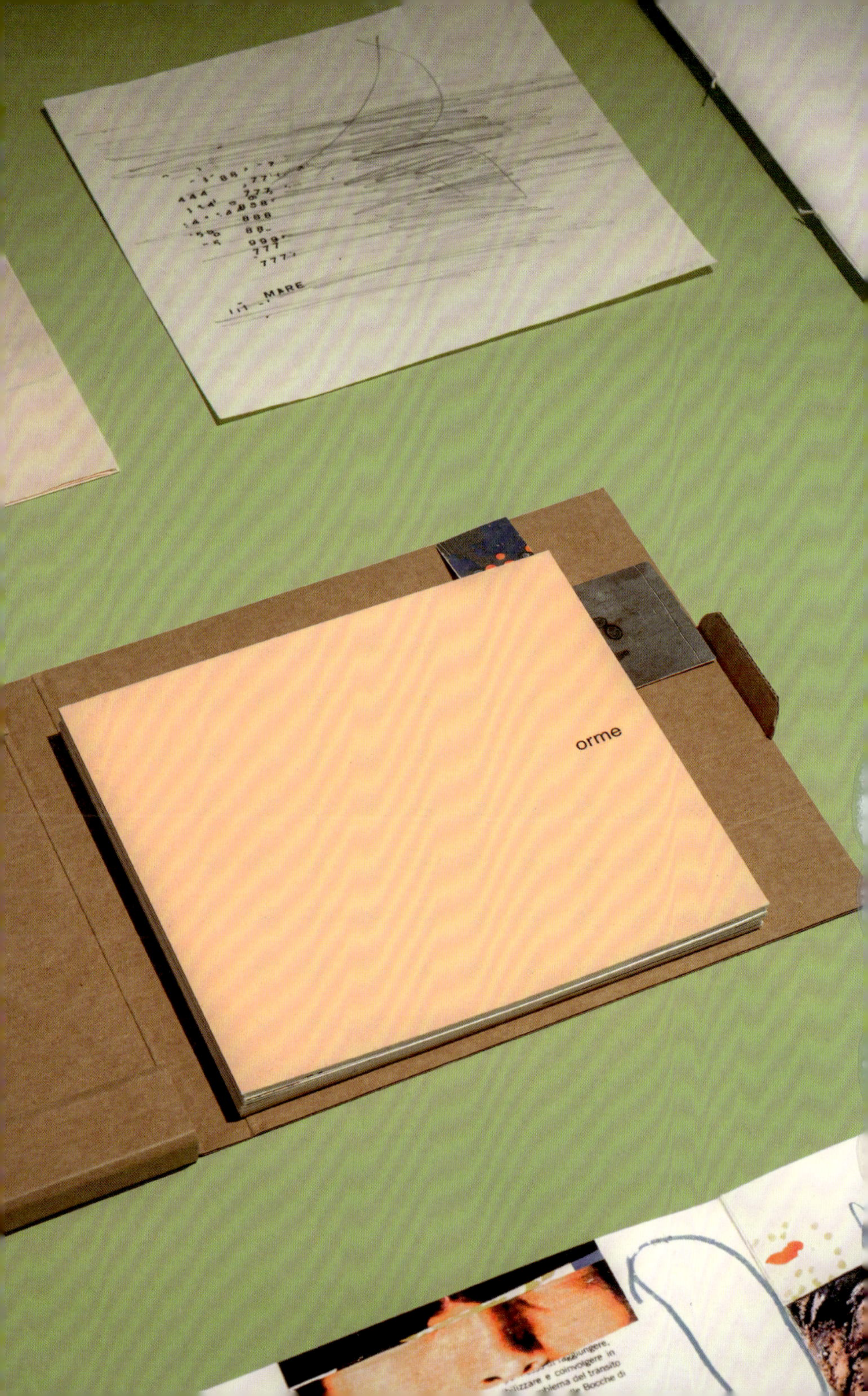
MARE
orme

Dennis Phillips, Los Angeles, 2002

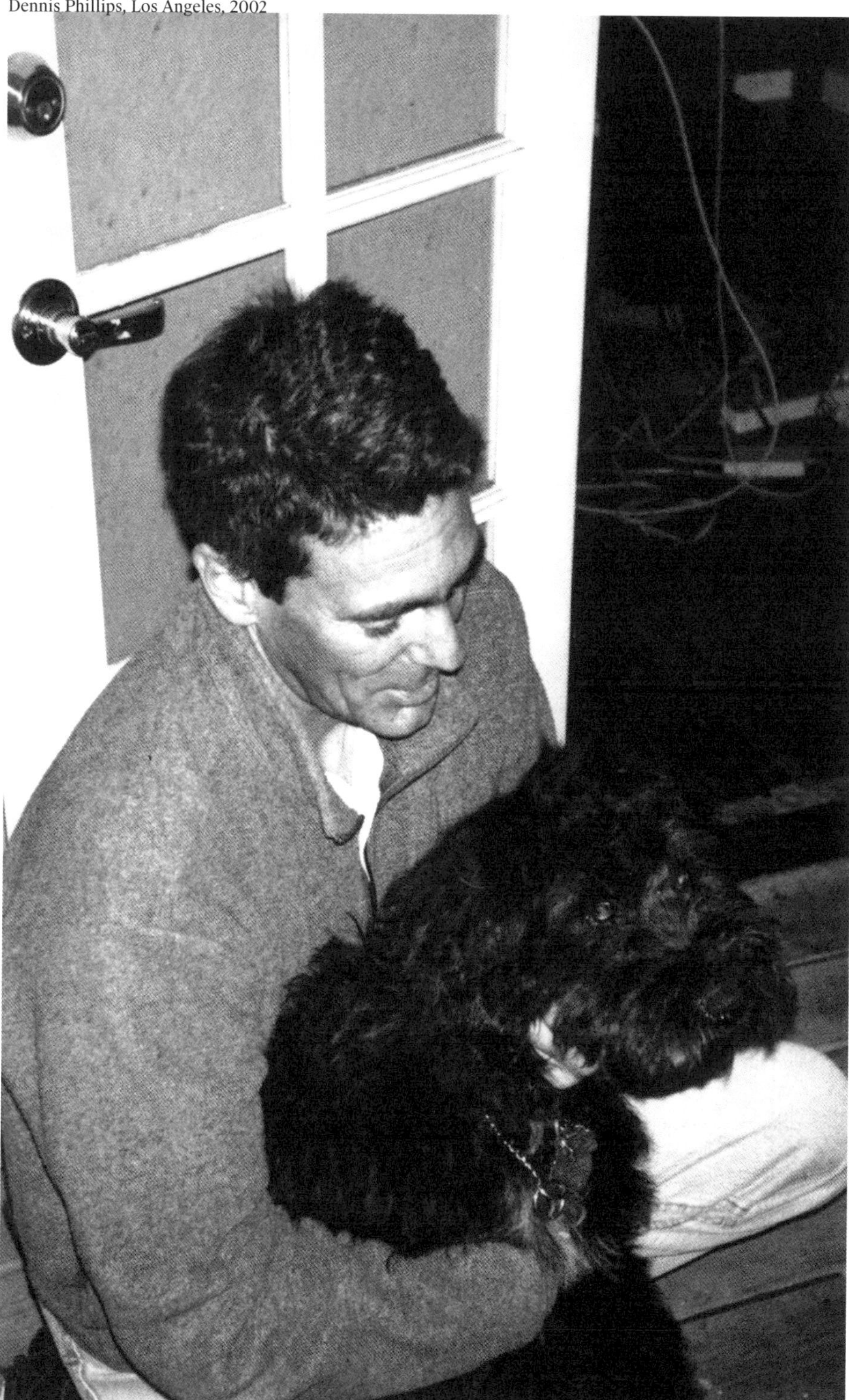

Martha Ronk e / and Luigi Ballerini, Los Angeles, 1998

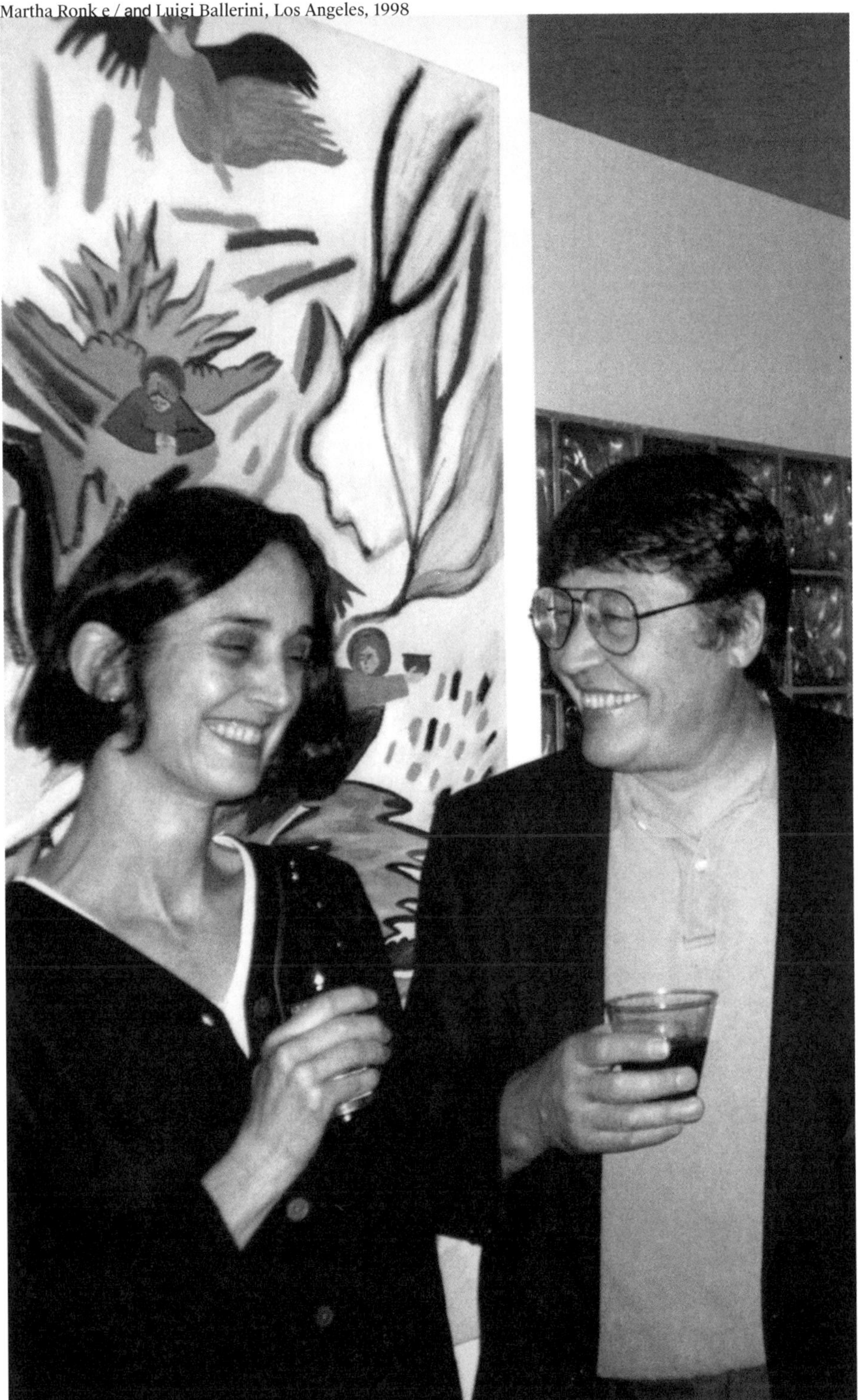

Don Suggs e / and Paul Vangelisti, Don Suggs Studio, Los Angeles, 1997

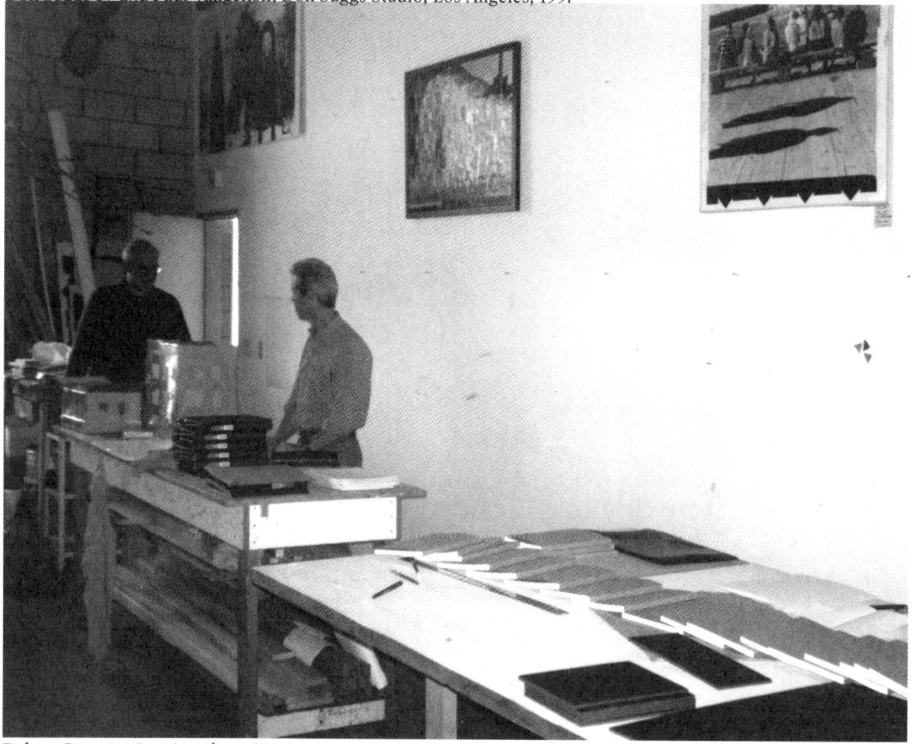

Robert Crosson, Los Angeles, 1998

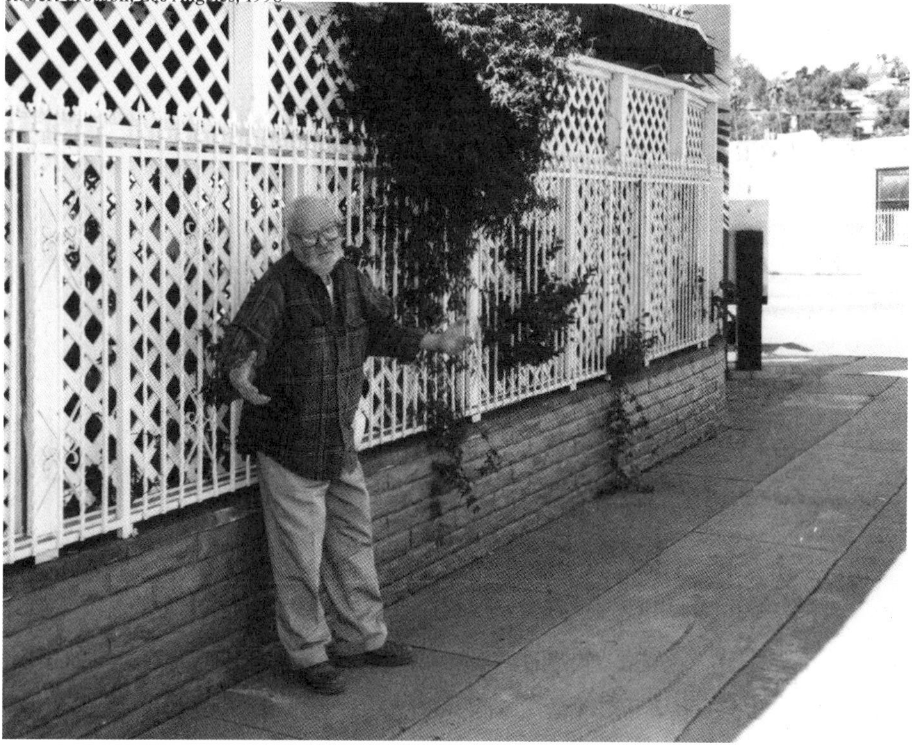

Michael C. McMillen, Diane Ward e / and Don Suggs, Los Angeles, 2000

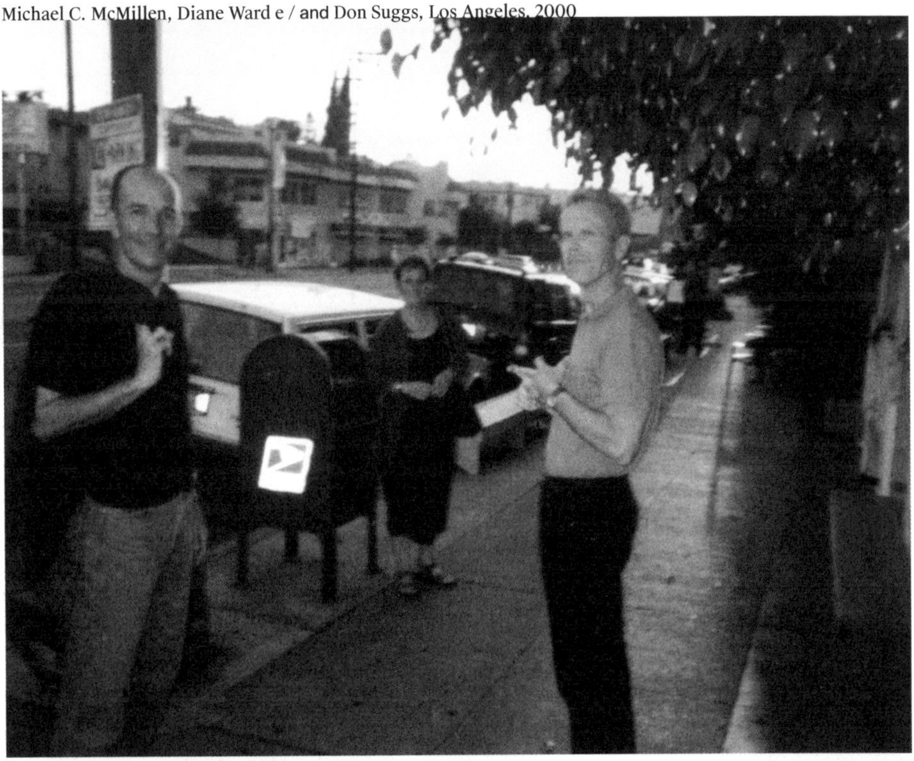

Courtney Gregg, Los Angeles, 2002

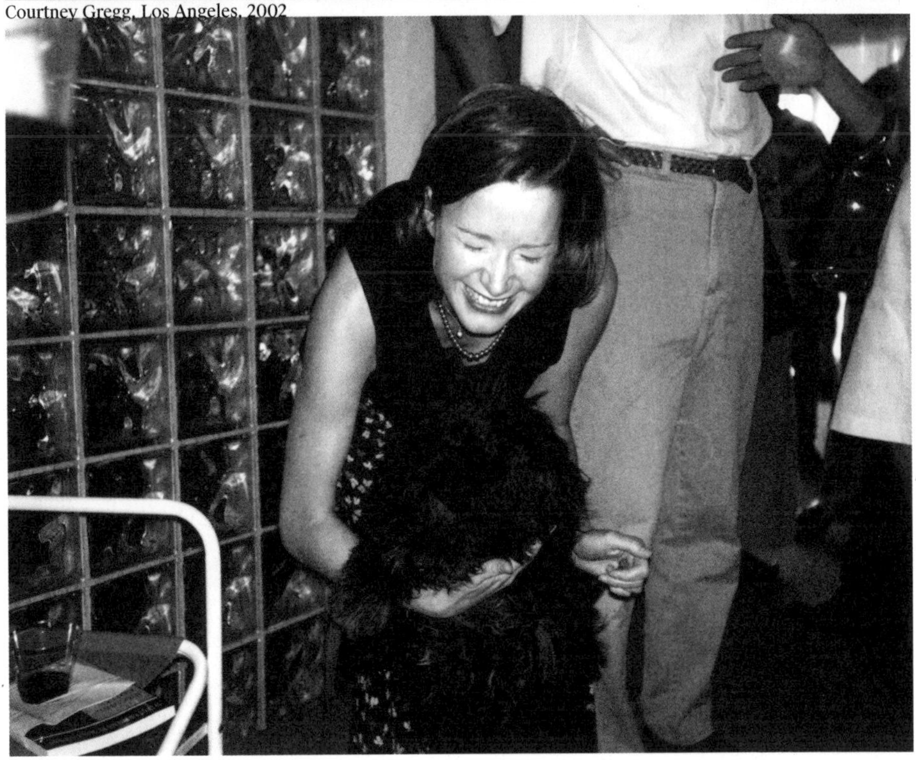

Don Suggs, Los Angeles, 1997

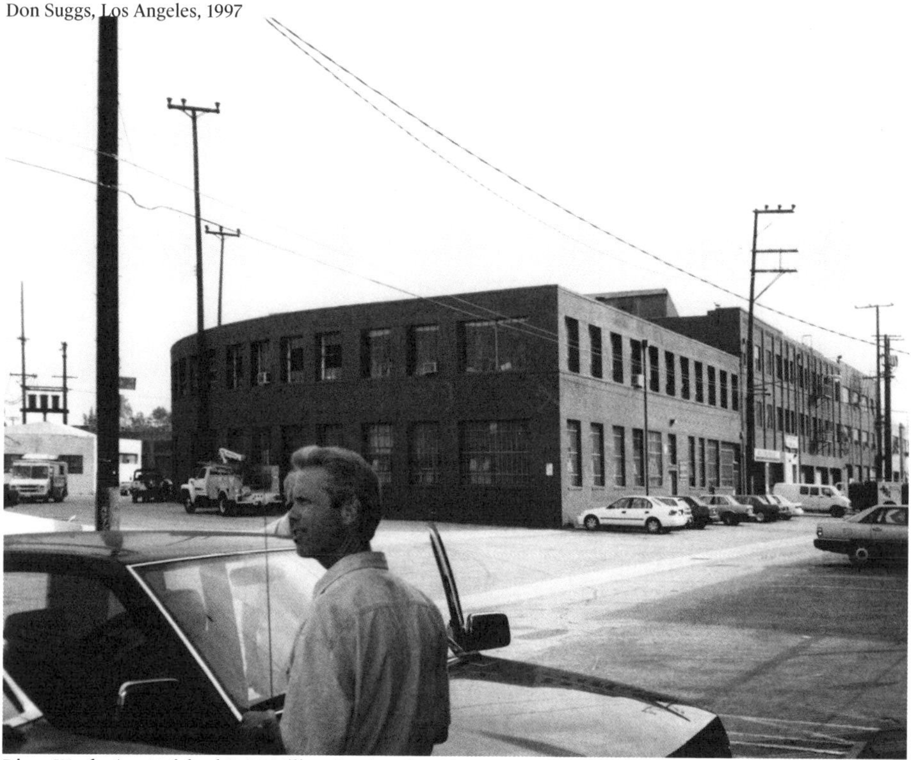

Diane Ward e / and Michael C. McMillen, Los Angeles, 2000

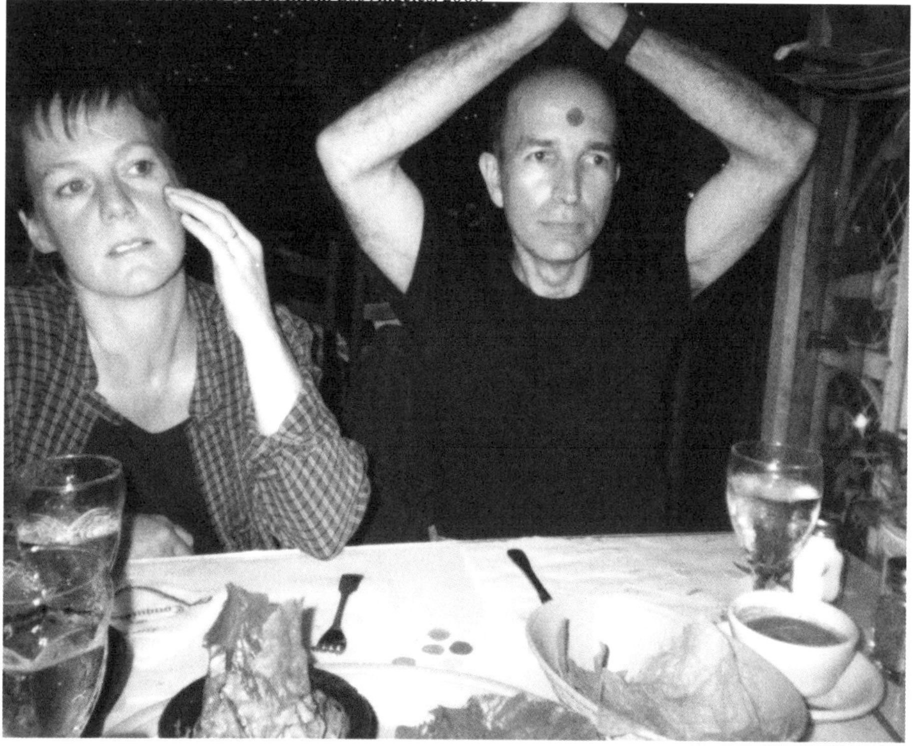

14
Morso dal suono
Poesie di / Poems by Luigi Ballerini, Amiri Baraka, Michelle Clinton, Dennis Phillips,
Jerome Rothenberg, Paul Vangelisti
Con un testo di / With a text by Aldo Tagliaferri
Opere di / Artworks by William Xerra
Edizione di 1100 copie + edizione speciale: 48 copie con opera di /
Edition of 1100 copies + special edition: 48 copies with artwork by William Xerra
Michele Lombardelli editore
1993

MORSO DAL SUONO

William Xerra

con un testo di Aldo Tagliaferri

Luigi Ballerini
Dennis Phillips

Amiri Baraka
Jerome Rothenberg

Michelle Clinton
Paul Vangelisti

Michele Lombardelli editore

15
The Blue Soprano
Poesie di / Poems by Robert Crosson
Opere di / Artworks by William Xerra
Traduzioni in italiano di / Italian translations by Richard Collins
Edizione di 500 copie + edizione speciale: 25 copie con opera di /
Edition of 500 copies + special edition: 25 copies with artwork by William Xerra
Michele Lombardelli editore
1994

Robert Crosson

THE BLUE SOPRANO

Michele Lombardelli editore

16

Book of Hours

Poesie di / Poems by Dennis Phillips

Illustrazioni di / Illustrations by Courtney Gregg

Traduzioni in italiano di / Italian translations by Franco Nasi

Edizione di 400 copie + edizione speciale: 9 copie con opera di /

Edition of 400 copies + special edition: 9 copies with artwork by Courtney Gregg

ML & NLF

1996

BOOK OF HOURS

Dennis Phillips

Courtney Gregg

ML & NLF

17
A Life
Poesie di / Poems by Paul Vangelisti
Illustrazioni di / Illustrations by Don Suggs
Traduzioni in italiano di / Italian translations by Rosemary Liedl Porta
Edizione di 400 copie + edizione speciale: 26 copie con opera di /
Edition of 400 copies + special edition: 26 copies with artwork by Don Suggs
ML & NLF
1997

Paul Vangelisti
Don Suggs

1
2
3
2
4
5
4
3
6
3
5
7
5
6
1
6
7
2
7
1
4

A Life

ML & NLF

18
Allegories
Poesie di / Poems by Martha Ronk
Illustrazioni di / Illustrations by Tom Wudl
Traduzioni in italiano di / Italian translations by Rosemary Liedl Porta
ML & NLF
1998

Allegories

Martha Ronk _ Tom Wudl

ML & NLP

19
Portraits and Maps
Poesie di / Poems by Diane Ward
Illustrazioni di / Illustrations by Michael C. McMillen
Traduzioni in italiano di / Italian translations by Manuela Bruschini
ML & NLF
2000

PORTRAITS AND MAPS

by Diane Ward and Michael C. McMillen

ML & NLF

20
Bow Down
Poesie di / Poems by Douglas Messerli
Opere di / Artworks by John Baldessari
Traduzioni in italiano di / Italian translations by Manuela Bruschini
ML & NLF
2002

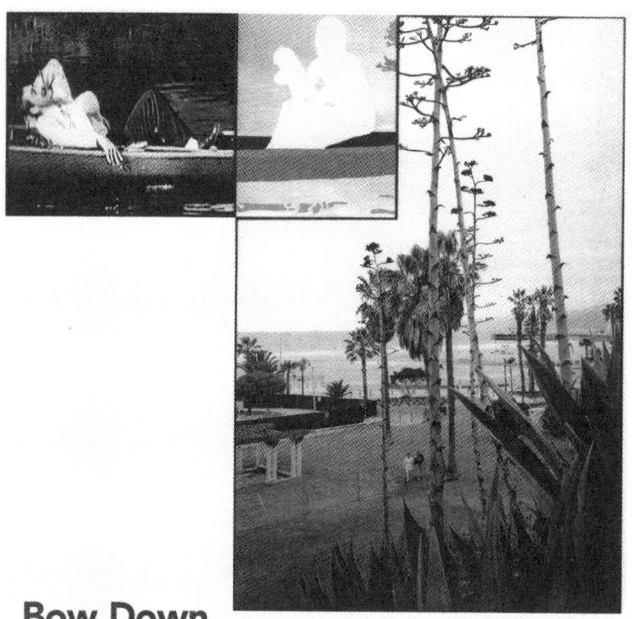

Bow Down

**Douglas Messerli and
John Baldessari**

M L & N L F

21

Paul Vangelisti

Tremor & Precision: an Annotated Bibliography of Paul Vangelisti

Prefazione di / Foreward by Luigi Ballerini

Copertina di / Cover by Michele Lombardelli

ML & NLF

2002

Tremor & Precision:
an Annotated Bibliography
of Paul Vangelisti

ml & nlf

22
Drive to Cluster
Poesie di / Poems by Guy Bennett
Illustrazioni di / Illustrations by Ron Griffin
Traduzioni in italiano di / Italian translations by Manuela Bruschini
ML & NLF
2003

DRIVE TO CLUSTER

GUY BENNETT · RON GRIFFIN

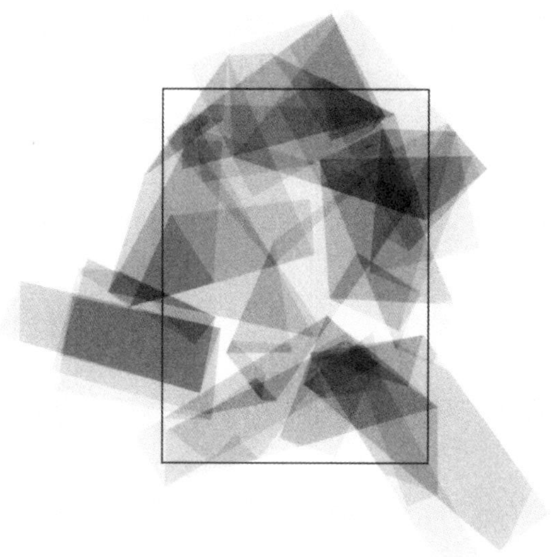

ML & NLF

23

Bleeding Hearts, a Shallow Mercy
Poesie di / Poems by Robert Crosson
Copertina di / Cover by William Xerra
Traduzioni in italiano di / Italian translations by Manuela Bruschini
ML & NLF
2005

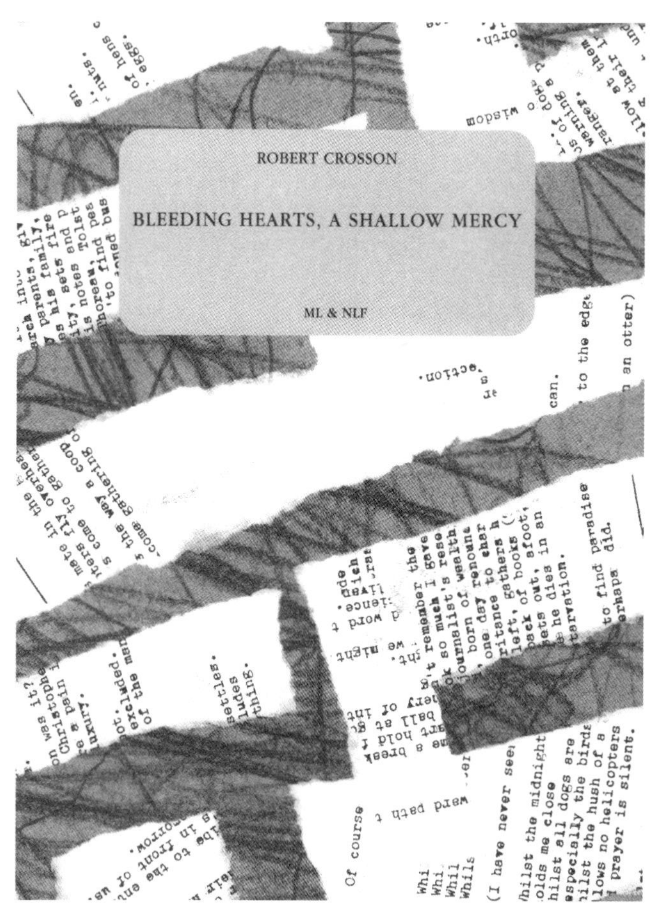

ROBERT CROSSON

BLEEDING HEARTS, A SHALLOW MERCY

ML & NLF

24

Caper, Vol. I

Poesie di / Poems by Ray Di Palma

Copertina di / Cover by Don Suggs

Illustrazioni di / Illustrations by Roy Dowell

Traduzioni in italiano di / Italian translations by Gian Maria Annovi

ML & NLF

2006

RAY DI PALMA

CAPER

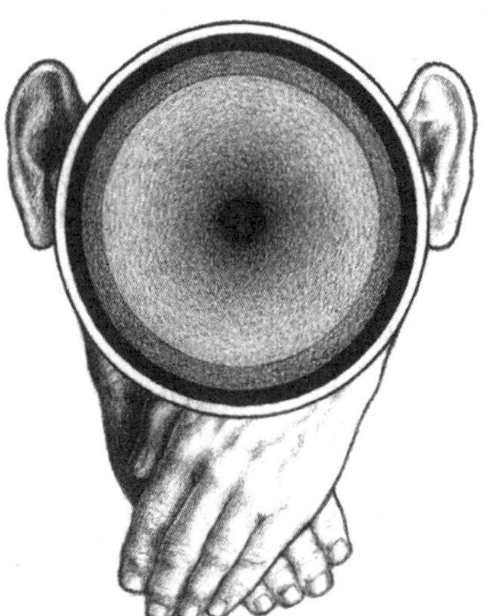

ML & NLF

25
Caper, Vol. II
Poesie di / Poems by Paul Vangelisti
Copertina di / Cover by Roy Dowell
Illustrazioni di / Illustrations by Don Suggs
Traduzioni in italiano di / Italian translations by Gianluca Rizzo
ML & NLF
2006

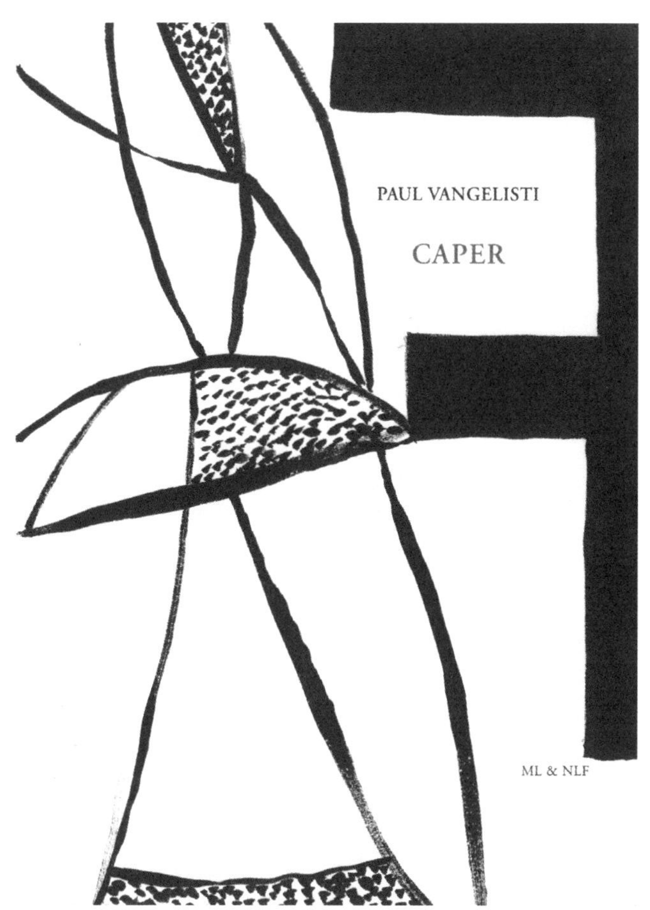

PAUL VANGELISTI

CAPER

ML & NLF

26
Magical
Fotografie di / Photographs by Sophia Hoffmann
ML & NLF
2009

Sophia Hoffmann

MAGICAL

mi&nlf

27
Desert Notebook 2004-2008
Poesie di / Poems by Standard Schaefer
Fotografie di / Photographs by Giovanna Silva sovradipinte da / overpainted by Michele Lombardelli
ML & NLF
2009

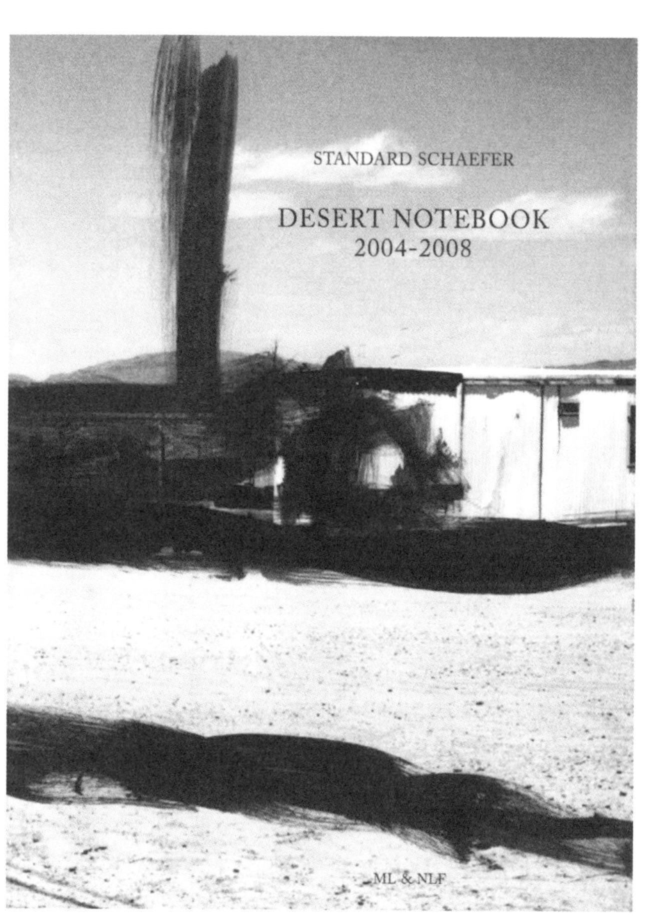

STANDARD SCHAEFER

DESERT NOTEBOOK
2004-2008

ML & NLF

PIACENZA – LOS ANGELES
Art and poetry books (1991–2008)
From Michele Lombardelli's archive

Roberto Reggi

[President, Piacenza and Vigevano Foundation]

Some people build iron and concrete bridges to allow women and men to cross immense spaces, ideas to circulate, languages to hybridize, and culture to develop in the name of inclusion and diversity. Some people are like Michele Lombardelli, who has used his books to build a bridge to connect Piacenza to Los Angeles.

Due to his artistic and professional journey, Lombardelli can certainly be considered an enlightened bridge and connection builder, ever since at a very young age, he steered his father's printing activity, in business in Castelvetro since the 1970s, towards artists' books publishing.

Over the years, with his work, he has charted an important course, which still connects his land, Emilia, to California, promoting the meeting and artistic exchange between some of the most brilliant personalities of our territory, such as Aldo Tagliaferri, William Xerra and Emilio Villa, and some great American poets and artists, from Robert Crosson to John Baldessari, from Martha Ronk to Dennis Phillips and Guy Bennett.

The interlacing of poetry and visual arts has been the source of a series of unique publications for which Lombardelli would study—often in the company of his friend Paul Vangelisti—the ideal image and word ratio while also establishing a network of friendships and relationships.

From there, over time, an incredible network of exchanges between people and the arts has stemmed. A network to which his artist's books, in which poetry interweaves with the figurative arts, literature with music, and the political dimension with the social dimension, are tangible evidence.

XNL Piacenza, which sets out to be a place of encounter and exchange between different artistic languages, has enthusiastically welcomed the project of representing this intense publishing activity that has connected and will continue to connect the community of Piacenza with Los Angeles, the peripheral dimension with one of the cultural centers of the contemporary world.

Special thanks go to Michele Lombardelli, a fellow citizen and a world citizen, for taking Piacenza so far and for his books that take us by the hand and accompany us on poetic journeys into what we are, would like to be, and might become.

Paola Nicolin / Michele Lombardelli

[Artistic director, XNL Piacenza]

[Biography p. 136]

Traces of a Conversation
[Traccia di una conversazione, p. 6]

PAOLA   I'd like to start with your Piacenza to Los Angeles trip: what do you remember about your first time in LA in 1989, if I remember correctly, and what took you there?

MICHELE   You are right, it was the early summer of 1989. What took me to Los Angeles was the music, the myth of Hollywood and the desert. . . . Like that pop song from 2003 that goes "Everybody comes to Hollywood"— I believe that's still true, on and off. I kind of instantly felt the instinct to leave, planning everything very quickly. And that was clearly to be an adventurous trip for me coming from a small town in the province of Piacenza, finding myself at the Hollywood Roosevelt Hotel after a fifteen-hour journey. I remained awake for more than twenty-four hours. The city was immense and the stimuli for a twenty-year-old were endless. I remember that during the landing the plane flew over the city for almost one hour, from the first houses all the way to LA's international airport. That was also my first time on a plane.

On this journey of a thousand little adventures, I first encountered the art of the great museums, such as LACMA and MOCA, and became fascinated with the literature of Charles Bukowski, John Fante, James Ellroy, Philip K. Dick, and Bret Easton Ellis, who had published *Less than Zero* in 1985.

PN   Your background in publishing, poetry, music, and visual arts developed in the lively 1990s, a decade marked by some momentous historical and cultural events such as the outbreak of civil war in the former Yugoslavia, the murder of Judges Falcone and Borsellino, but also the Nobel Peace Prize to Gorbachev and the agreements between Arafat and Rabin for the mutual recognition of Israel and Palestine, which thinking about it today is mind-boggling. The European Union was established with the Maastricht Treaty, Mandela won in South Africa, Sony presented its first PlayStation, Tarantino gave us *Pulp Fiction*, Marylin Manson and Oasis made their debuts. . . . What are your most vivid memories of that decade?

ML   I clearly recall the live news of Borsellino's assassination, I remember it was a Sunday, I remember where I was, and what I was doing, and the alienating feeling that came over me (like with the Moro kidnapping of which I also have a lucid memory). Then of course Gorbachev, Arafat and the European Union are fixed memories. Musically speaking I can never forget the arrival of Marylin Manson, once again a product of LA. I would add Frank Zappa's music and the imagery of David Lynch, who was my first guide in Los Angeles, allowing me to discover the "bright" and "dark" side of a city that is impossible to own, where anything can happen and anything is possible.

PN　　In Milan, in the 1990s, you worked with Vanni Scheiwiller and carried out your first publishing project with the poet Nello Vegezzi. I'd like you to describe this first book of poetry that you made in your family's printing works company.

ML　　Nello's book was published in 1992 but I had met Vanni the year before, Leda Calza had introduced us. At that time publishing a book was a long and very different process from what it is now, especially in the initial stages. I remember being very excited: there I was—in my early twenties—working for a big publisher. From that moment on, I decided that I always wanted to work in publishing.

PN　　Did you read poetry back then?

ML　　I started in those years with Vanni's authors and those I came across while frequenting the publishing house offices: Eugenio Montale, Giuseppe Ungaretti, Camillo Sbarbaro, Antonio Delfini, Rainer Maria Rilke, Ezra Pound. . . . And then Alda Merini, Patrizia Cavalli, Séamus Heaney, Wisława Szymborska . . .

PN　　Scheiwiller was an important teacher for you, wasn't he? Was he the one who steered you towards the idea of combining poetry and image? In what way?

ML　　He was a teacher with such a vast culture and with a great sensitivity and attention for books. I collaborated with him printing dozens of books in my family's printing works from 1991 to 1999. I tried to learn as much as I could by standing at his side while proofreading, going on trips for book presentations, or just joining him for a coffee. We talked about books all the time, and he would give me advice on what to read and what to look at. I remember that in his house there were books and artworks everywhere, there was no free space. I was in my early twenties and from my small town I was stepping into Milan's publishing world—that was a great experience that I will always carry with me. It was Vanni who suggested I could become a publisher, and so, in 1991, I published my first book with the poet Rino Cortiana and the artist Carlo Berté. Vanni then presented the book in Milan at the legendary Feltrinelli bookstore in Via Manzoni. If on the one hand Vanni was a great guide in the world of "classic" publishing, another important connection for me was with Amedeo Martegani in 1995, with whom I began to collaborate in making more "contemporary" books.

PN   Another teacher, or perhaps I should say fellow traveler and adventurer for you was the Italian writer Mauro Sargiani. You published one of his books in 1991. How did you meet him? How did your dialogue progress?

ML   He was a great friend with whom I shared many adventures. Leda Calza introduced us. Mauro always gave me plenty of advice about what to look at, what to read and what to listen to. We have shared several trips that were a non-stop conversation, always on our way to an exhibition or to an art fair. His friendship was fundamental towards my discovery of contemporary literature.

PN   Another significant milestone was in Milan in 1992 during the last edition of Milano Poesia, the poetry, music, dance and performance festival that had been directed by Gianni Sassi since 1983. I admit that I picture this event as something quite mythical, if only because of its interweaving of such sophisticated languages, where the aspect of meeting the public's favor as ultimate goal seems to me to be completely lacking: was that so? What do you remember about that edition and who did you get to know closely?

ML   In those years I used to accompany Vanni to various events, including Milano Poesia. I remember a sense of great vitality and desire to meet. That year Californian poets had been invited, and that was how the opportunity to publish them came about for me. The first book I published was *Morso dal suono* by William Xerra, an anthology covering almost all the poets who had participated in Milano Poesia.

PN   From this point of view, Paul Vangelisti was also your "ticket" to California, perhaps more as a publisher than as a musician. Would you say so?

ML   We met in Italy and became friends straight away. A poet himself, he was also an editor. Paul would take me to the LA literary places, such as Chinatown, Bunker Hill, and Philippe's restaurant where Bukowski would have lunch every day, and he would tell me about the literary history of Los Angeles (the most illiterate city), enriched by the presence of many important authors who, captivated and fascinated by its landscape and lifestyle, were extraordinarily productive during their time there. Quoting Igor Stravinsky, LA can be described as a "splendid isolation." I remember almost immediately proposing to Vangelisti to be the editor of the project I wanted to develop, although I was not yet clear how: I envisioned a book series featuring LA poets and artists. So after the first anthology we started working on our first poetry collection, and since he was based in Los Angeles and I was in Castelvetro Piacentino we worked making long phone calls on a nine-hour time difference schedule. I am grateful to Paul for immediately believing in me, even though I was so young, and to all the poets and artists who entrusted me with their work and had faith in the project. In making books, my priority has always been to celebrate the authors.

PN   In 1993 you started a series of other Piacenza to Los Angeles trips, in the wake of the presentations of books such as *Morso dal suono* and other collaborations with other poets and writers. On what network did you rely? On what galleries? Who were your interlocutors?

ML   In 1993 I started traveling to Los Angeles on a regular basis, returning there even two or three times a year for the next two decades. Besides universities, even the Italian Cultural Institute was interested in our presentations. My point of reference remained Paul, with whom from a distance I would envision new books; he would suggest poets, artists and collaborations, and we would make all decisions together. Sometimes it was the poets themselves who pointed out artists to us.

PN   For the exhibition image we chose a work by Don Suggs. Can you tell me something about him?

ML   I met Don during my first trips to LA and we would always hang out together. His studio was in Downtown which was a very tough neighborhood at that time. He was a kind person with a precise and profound way of making art, cleverly mixing photography, painting, and collage, as is often the case with LA artists. I am grateful to him for our long conversations and for introducing me to the art world of the Californian city.

PN   On the Italian side, it is clear that your affinity with William Xerra was and is a key to the universe of visual poetry . . .

ML   William was crucial in making me appreciate the Italian Neo-avant-garde, such as Gruppo 63 and visual poetry, and for introducing me to Nanni Balestrini, Aldo Tagliaferri, and Emilio Villa with whom I published a few books. We enjoyed a wonderful trip to LA together during the presentation of *Morso dal suono*. William has always been a great fan of artist's books and has made some wonderful ones himself.

PN   A core aspect in this exhibition has been the idea that your story is about cultivating friendships with artists. This dimension seems to have allowed the birth of authentic relationships between such distant geographies. And perhaps we could say that your printing works, just like your books, are places where friendships are made. How important is this dimension to you?

ML   Friendship and esteem are crucial; I have never published anything by authors whom I did not first meet and frequent, authors who did not explain their intentions to me or even just share affinities, aspects that

                                    Paola Nicolin / Michele Lombardelli

for me are the premise for the making of a book. For example, I remember Robert Crosson always leaving me a typed poem or a small collage whenever I arrived or left LA.

I also had the good fortune that my family had a printing works company, which facilitated me greatly both in terms of production and design freedom.

PN	The collection of books and materials we exhibited at XNL also testifies to the evolution of visual languages: from etching, to tempera, to photography. An evolution that marks perhaps the decade in a significant way. I am interested in discussing with you the next step in this evolution, which is the advent of digitalization: how has the latter affected the way you make art and poetry books?

ML	Digitalization has modified only the first part of the book making process and has changed the level of proximity needed to exchange materials, which now travel in new forms. People work through computers, looking at a screen in which everything is possible except having the physical and tactile sensation of materials and understanding their physical limitations; photos are taken with mobile phones; and with social media we are all designers to some extent. You hardly work on the design of a book by transferring your ideas onto a sheet of paper. There are very good schools of graphic design, but I have the impression that everything looks a bit the same.

What, on the other hand, has remained unchanged for over one hundred years is the printing process; this technology has not experienced major changes since the invention of offset printing: the paper still has to be printed from a matrix that transfers ink, which is then bound to become a book, which is why this industry is referred to as "graphic arts." Digitally printed book, are a different matter. This technique is used for short runs, but which at present I consider little more than a bound fine quality "photocopy."

PN	In this perspective, independent publishing in Italy and elsewhere also plays a relevant role in preserving a "physical" approach to the art of book making, whose existence is threatened by large-scale distribution. What season is the art book living today? Is there a market for it? Are there collectors?

ML	Just like for vinyl records, after the supposed "death" of the printed book, in the last few decades I have seen artists paying a greater and renewed attention to books, and I have also noticed the emergence of independent publishing houses. In my opinion there was a generational rift that we are now trying to bridge, but many skills have been forgotten or replaced, having been dematerialized.

Collecting is definitely an important and very dynamic component that now has new interests, operators and specialized fairs. The book is still a space that offers tremendous possibilities for expression, I think we still need that physical dimension to make thoughts real.

PN   I would imagine there are many book projects that you have not carried out, yet. Could you mention one?

ML   It has been so many years now since my last publication, and looking at what I was able to accomplish, my regret is that I could have done more.

                                                    Paola Nicolin / Michele Lombardelli

Nathalie Du Pasquier

[Biography p. 136]

Michele Translates

[Michele traduce, p. 14]

Michele translates.

Michele translates poems into books.

Michele translates pictures into books.

Michele also translates my little ideas into little books.

With Michele we talk about many things, Michele is not the usual printer.

Michele lives near Piacenza.

Michele is a friend, Michele is a painter, Michele is a musician, Michele has good ideas.

Michele I met many years ago and then no more for twenty years.

I met him again at a concert, a Sunday concert, a noon concert, a concert in a store of a friend of ours who makes clothes for artists, translators, and transformers.

Michele Lombardelli

[Biography p. 136]

A Short Story . . .
[Una piccola storia..., p. 16]

My father Fausto founded our family printing company in 1974. My uncle Carlo, my mother's brother, joined us shortly afterwards. The company was built in Castelvetro Piacentino, a small town near Piacenza on the banks of the river Po, on land that belonged to my maternal grandfather.

After spending a few years as a poorly motivated student with a growing passion for books, in 1987 I started working in a printing house as printing assistant.

In 1989 I made my first trip to Los Angeles. Two years later, by a lucky coincidence, the poet Nello Vegezzi published his book *Le radici dell'esserci* with Vanni Scheiwiller's publishing house printing it with us. I started to be involved in the printing of books for Scheiwiller, whom I continued to frequent until his passing in 1999. The following year I joined the Board of Directors of Libri Scheiwiller, a role I covered for five years.

It was Vanni himself who suggested I could become "a small publisher of refined and unpublished texts." Shortly after I published my first book, with poems by Rino Cortiana and illustrations by my artist friend Carlo Berté, an experience that consolidated my love of poetry, literature, and art.

I went on to publish the first of a series of four books containing Mauro Sargiani's prose. In 1992 Sargiani was included in the anthology published by Feltrinelli entitled *I narratori delle riserve*, edited by Gianni Celati.

In those same years I became friends with the artist William Xerra, who was also from Piacenza and very active in the field of visual poetry and close to Gruppo 63. With him I began an ongoing collaboration and, with his help, in 1992 I published *XXX*, a folder of poems by Nanni Balestrini, Franco Cavallo, Francesco Gallo and Paul Vangelisti. In 1993 I met Aldo Tagliaferri —Feltrinelli's historical editor and literary director—who invited me to undertake the publication of a folder entitled *CBille CBelle*, with five engravings by Emilio Villa, and the *12 Sybillae* poetry collection.

Then came a collection of poems by Cortiana, an illustrated book by artist Vittorio Matino, Xerra's books, and, in 2002, a photo book by Armin Linke and Vincenzo Cabiati dedicated to the Baikonur Cosmodrome.

Following the last edition of Milano Poesia in 1992, through William Xerra I became acquainted with Paul Vangelisti. Curated by Mario Giusti and Gianni Sassi, this event was joined by, among others, poets Jerome Rothenberg, Amiri Baraka, Michelle Clinton, and Dennis Phillips. With Vangelisti I began working on the volume *Morso dal suono* that was published and presented in Los Angeles in 1993, containing poems by Luigi Ballerini, Baraka, Clinton, Phillips, Rothenberg, and Vangelisti. This book marked the beginning of my interest in contemporary Californian poetry.

With Paul, in 1994 I started to develop the idea of a collaboration between Californian poets and artists: unpublished poems or project-specific verses would be juxtaposed with a visual component, establishing a collaboration between poets and artists. Paul was the editor of this entire series.

These books had no official distribution, they bore no ISBN identification code, they were published just for the sake of it, for the poets, for the artists and for their friends.

Morso dal suono gave me the opportunity to return to Los Angeles, a city that had already captured me during my first trip, and there, thanks to Vangelisti, I could meet numerous Californian authors. Among them I like to remember Robert Crosson, with whom I often shared lodgings and lounge bar moments.

In later years I often returned to Los Angeles to work on books by poets such as Dennis Phillips, Martha Ronk, Diane Ward, Douglas Messerli, and Guy Bennett.

In 2009 I published out-of-series a small photography book titled *Magical* by Sophia Hoffmann—who was six years old at the time—and Standard Schaefer's book, which closed the Californian Poets and Artists series, with photographs by Giovanna Silva and a few pictorial contributions of mine.

In 2005 an anthology dedicated to Los Angeles poets was published by Mondadori, with most of the poets I had previously published.

Michele Lombardelli

Paul Vangelisti

[Biography p. 136]

Tremor & Precision: A Note on ML & NLF

[Tremor & Precision: una nota su ML & NLF, p. 20]

It all started at lunch one warm autumn day in 1992. California poets Dennis Phillips, Michelle Clinton, Jerome Rothenberg and myself took the train down to Piacenza from Milan, where we'd been performing at Milano Poesia. Invited by William Xerra, whose installation was also on display at the poetry festival, we enjoyed an endless lunch at the restaurant across from William's studio in Ziano Piacentino.

Michele and William had been kicking around the notion of doing a book with William's artwork and our poetry. When the conversation momentarily devolved into politics, our Italian hosts remarked on the foolhardiness of Italian politicians trying to present an agenda in a half-hour television interview. We Californians replied that back home politicos offered their views in 10–20 second clips or "sound bites." However difficult to translate the term, the Italians around the table mentioned that a variation on "sound bite," unknown at the time in Italy, might be a fine title for our proposed book. *Morso dal suono* ["bitten by sound"], not an unlikely malady for poets.

Thus, *Morso dal suono*, as well as Michele's ML & NLF series, were more or less born, with ten books to follow, featuring collaborations between Los Angeles poets and visual artists.

Here a necessary detour to arrive at Corrado Costa, that grand Italian poet, through whom I met William Xerra and who, in fact, brought me to Piacenza for the first time in 1976. Corrado was fond of saying that the only way to explore a new territory was by perpetual detour, and I would submit that my entire adventure collaborating with Michele (and William as well) has been a string of such detours.

Ultimately it was Corrado who detoured his way to California's wilderness, staging his radio drama, *The Condor* (1977), in a late-night café on a road crossing the Mojave Desert. Corrado's desert (which he hadn't yet visited) premiered on KPFK Radio's Los Angeles Theater of the Ear (L.A.T.E.) in 1978. Then, in January 1981, a different sort of wilderness in *The Dodo or the School for Night* premiered on L.A.T.E. After which, following our live broadcast, Corrado and I traveled to the actual Mojave, where he encountered the Invisible Man (of 1930s movie fame), and who would become the protagonist of one of his most important books, *The Complete Films* (1983). Translating it here in LA, we first published *The Complete Films* in a bilingual US edition (Red Hill Press: Los Angeles/San Francisco), not to appear until twelve years later, after Corrado's death, in his own country.

Like Costa, and his colleagues and collaborators in the influential Gruppo 63, Adriano Spatola, Giulia Niccolai and Antonio Porta, the young Michele would find his own way to our local wilderness, returning with his discoveries. In contact mostly by phone, Michele and I explored various combinations of poets and visual artists working in Southern California. Michele would come to Los Angeles, once or twice a year, and familiarize himself with both artist's and poet's work and plot out each book. As I occupied myself with editorial matters, principally concerning translation, Michele designed and printed these extraordinary volumes.

I must say that of the twelve book projects Michele and I did between 1993 and 2009 there isn't a favorite. Each exemplifies a comprehensive translation in almost every sense of the word: editing text and visuals for a particular project; rendering English to Italian; transforming poems and artworks into a book format; and designing texts and visuals as prime exemplars of artistic collaboration. Above all, we strived for what was new, or in Ezra Pound's words, "news that stays news." With the wisdom of the Los Angeles musician and composer Frank Zappa clearly in mind, necessity became for us the peerless mother of invention.

When I first met Michele in Piacenza, he was almost twenty-four, about the same age as I when I first started publishing. Some thirty-one years after that lunch in Ziano, Michele and I are still at it. Since 2016, we've been working on a new project called Magra Books, after the Magra River in northwest Italy, whose watershed flows through Lunigiana, southwest toward the fabled Gulf of Poets. Magra Books is, in fact, located somewhere between Los Angeles and Bagnone (Massa-Carrara), where I have an ancestral house. We print some chapbooks annually, typically thirty-two pages, featuring writers "who are passionate about language, language that knows no borders." Magra Books, like its namesake one of the meagerest of rivers, strives to keep in mind that poetry is a bad, though often inspired business.

Paul Vangelisti

Biographies

NATHALIE DU PASQUIER

(b. 1957, Bordeaux) lives and works in Milan. She began her career as an autodidact, traveling at a very early age through Africa, Australia, and India, reading and observing other cultures. In 1979 she arrived in Italy, settling first in Rome and then Milan, where she became part of the Memphis Group, for which she designed numerous fabrics, carpets, and other items. In 1987 she decided to concentrate entirely on painting. In her work today, Du Pasquier explores the links between objects and their spatial locations—an investigation that manifests through paintings, sculptures, drawings, models, constructions, books, and ceramics. The artist constantly acts between the tangible and the intangible, reality and fiction, two dimensions and three. Recent exhibitions have taken place at Kunsthal Aarhus, Denmark (2023), Centre des monuments nationaux, Ville à Savoye, Poissy, France (2022), Museum Haus Konstruktiv, Zurich (2022), Musée régional d'art contemporain, Sérignan, France (2022), MACRO, Rome (2021), Musée des Arts décoratifs et du Design, Bordeaux (2019–20), Mutina for Art, Fiorano Modenese, Italy (2019), GfZK, Leipzig, Germany (2019), Palais de Tokyo, Paris (2019), ICA, Boston (2019), MGLC, Ljubljana, Slovenia (2018), Camden Art Centre, London (2018), Kunsthalle Lissabon, Lisbon (2017), ICA, Philadelphia (2017), Kunsthalle Wien, Vienna (2016), and Haute ecole d'art et de design, Geneva (2015).

MICHELE LOMBARDELLI

(b. 1968, Cremona, Italy) is an artist, musician, and publisher. His most recent solo exhibitions took place at Museo MA*GA in Gallarate, Italy, in 2022 and Cardelli e Fontana arte in Sarzana, Italy, in 2023. In 2014 he founded the sound project/duo Untitled Noise. In addition to being an independent publisher, he has worked with Libri Scheiwiller and Postmedia Books. His publications include *Simmetria paralizzata* (Cardelli & Fontana, 2023), *Untitled* (Postmedia Books, 2022), *Cellar Door Paintings* (Kappa-Noun, 2022), *California* (Humboldt Books, 2020), *Los Angeles 1989 Tokyo 1991* (Humboldt Books, 2017), *Sistema di riserva e stati di transizione* (O' Artoteca, 2014), *Generale* (A&Mbookstore, 2011), *A voice comes to one in the dark* (Sputnik Editions, 2010), *A Story About the Old About Nothing About This or That* (Bonelli, 2008), *Distimico Ciclotimico Ipertimico* (Bonelli, 2005), *Echo Park, Comfort Inn* (self-published, 2003), and *Catalogo* (self-published, 1996).

PAUL VANGELISTI

(b. 1945, San Francisco) is the author of more than thirty books of poetry and a noted translator from Italian. Recent publications include his collection *Motive and Opportunity* (Shearsman, 2020), *Liquid Prisoner* (Lithic Press, 2021), and a collaboration with artist William Xerra, *Fragment Science, Tecnici del bianco* (Edizioni il verri, 2022). He edited Amiri Baraka's posthumous poetry collection *S.O.S.: Poems, 1961–2014* (Grove Press, 2015). In 2006, Lucia Re's and his translation of Amelia Rosselli's *War Variations* won both the Premio Flaiano in Italy and the PEN-USA Award. In 2010, his translation of Adriano Spatola's *The Position of Things: Collected Poems, 1961–1992* was awarded the Academy of American Poets Prize. From 1971 to 1982 he was coeditor, with John McBride, of the literary magazine *Invisible City*, and from 1993 to 2002 he edited *Ribot*, the annual report of the College of Neglected Science. Vangelisti was also the editor, from 1993 to 2009, of the international series of poetry and art editions for ML & NLF (Michele Lombardelli) in Piacenza, in which he published his collaboration with artist Don Suggs, *A Life.* He lives in Pasadena and Bagnone, Italy.

Bibliografia / Bibliography

AA.VV. *Humps & Wings: Polish Poetry since '68.* Los Angeles: The Red Hill Press/Invisible City, 1982

AA.VV. *Los Angeles: una antologia*. Tortona/Piacenza: Vicolo del Pavone, 2003

Balestrini, Nanni. *Il sasso appeso*. Milano: All'Insegna del Pesce d'Oro, 1961

Balestrini, Nanni. *Ipocalisse: 49 sonetti. Provenza 1980-1983*. Milano: Libri Scheiwiller, 1986

Balestrini, Nanni. *Il pubblico del labirinto: Quarto libro della signorina Richmond 1985-1989.* Milano: Libri Scheiwiller, 1992

Ballerini, Luigi. *Uno monta la luna*. Lecce: Manni, 2001

Ballerini, Luigi, Paul Vangelisti, eds. *Nuova poesia americana: Los Angeles*. Milano: Mondadori, 2005

Baraka, Amiri. *Funk Lore: New Poems (1984-1994).* Portland (ME): Littoral Books, 1996

Bennett, Guy, Paul Vangelisti, eds. *Signs/ & Signals The Daybooks of Robert Crosson*. Los Angeles: Otis Books/Seismicity Books, 2008

Berté, Carlo. *Il bivio di Icaro*. Milano: Libri Scheiwiller, 2002

Bukowski, Charles, Neeli Cherry, Paul Vangelisti, eds. *Anthology of L.A. Poets*. Los Angeles: Laugh Literary/The Red Hill Press, 1972

Calbi, Evan, Paul Vangelisti, eds. *L.A. Exile*. New York: Marsilio Publishers, 1999

Celati, Gianni, ed. *Narratori delle riserve*. Milano: Feltrinelli, 1992

Clinton, Michelle T. *High Blood Pressure*. Albuquerque (NM): West End Press, 1986

Clinton, Michelle T., Paul Vangelisti. [Untitled]. Los Angeles: The Red Hill Press, 1990

Cortiana, Rino. *Il soffio di Botticelli*. Venezia: Centro Internazionale della Grafica di Venezia, 1992

Cortiana, Rino. *Venezia Venusia Vanesia*. Milano: Libri Scheiwiller, 2002

Costa, Corrado. *The Complete Film*. Los Angeles: The Red Hill Press, 1983

Crosson, Robert, John Thomas, Paul Vangelisti. *Abandoned Latitudes*. Los Angeles: The Red Hill Press/Invisible City, 1983

Crosson, Robert. *Calliope*. Los Angeles: Illuminati, 1988

Crosson, Robert. *The Æthers of the Amazon*. Los Angeles: Seeing Eye Books, 1998

Dib, Mohammed. *Omneros*. Los Angeles: The Red Hill Press, 1978

Giuliani, Alfredo, ed. *I Novissimi*. Los Angeles: Sun & Moon Press, 1995

Giusti, Mario, Gianni Sassi, eds. *Milano poesia*. Milano: Mazzotta, 1992

Guglielmino, Giorgio. *Improvvisa chiude la pagina e si alza*. Milano: All'Insegna del Pesce d'Oro, 1994

Invisible City magazine. Los Angeles: The Red Hill Press, 1971-81

Linke, Armin. *4FLIGHT*. Milano: A&Mbookstore, 2000

Lombardelli, Michele. *Los Angeles 1989 Tokyo 1991*. Milano: Humboldt Books, 2017

Lombardelli, Michele. *California*. Milano: Humboldt Books, 2020

Lombardelli, Michele. *Untitled*. Milano: Postmedia Books, 2022

Matino, Vittorio. *Il colore della chimera*. Milano: Lorenzelli Arte, 1995

Messerli, Douglas. *Maxims from my Mother's Milk. Hymns to Him: A Dialogue*. Los Angeles: Sun & Moon Press, 1988

Phillips, Dennis. *The Hero is Nothing*. San Francisco: Kajun Press, 1985

Phillips, Dennis. *Sand*. Los Angeles: Green Integer, 2002

Phillips, Dennis. *Hope*. Los Angeles: Green Integer, 2007

Pound, Ezra. *A Lume Spento*. Milano: All'Insegna del Pesce d'Oro, 1978

Ronk, Martha, Don Suggs. *Desert Geometries*. Los Angeles: Littoral Books, 1992

Ronk, Martha. *State of Mind*. Los Angeles: Sun & Moon Press, 1995

Ronk, Martha. *Why/Why Not*. Berkeley (CA): University of California Press, 2003

Ronk, Martha. *Displeasures of the Table*. Los Angeles: Green Integer, 2009

Ronk, Martha. *The Unfamiliar Familiar*. Los Angeles/Bagnone: Magra Books, 2016

Rothenberg, Jerome. *Poems for the Game of Silence: 1960-1970*. New York: The Dial Press, 1971

Schaefer, Standard. *Water & Power*. New York: Agincourt Press, 2005

Sereni, Vittorio. *Sixteen Poems of Vittorio Sereni*. Los Angeles: The Red Hill Press, 1971

Silva, Giovanna. *Nightswimming*. London: Bedford Press, 2015

Spatola, Adriano. *Zeroglyphics*. Los Angeles: The Red Hill Press, 1977

Spatola, Adriano. *Various Devices*. Los Angeles: The Red Hill Press, 1978

Spatola, Adriano, Paul Vangelisti. *Italian Poetry 1960-1980: from Neo to Post Avant-garde*. Los Angeles: The Red Hill Press/Invisible City, 1982

Suggs, Don, Paul Vangelisti. *Rime*. Los Angeles: The Red Hill Press, 1983

Tagliaferri, Aldo. *Beckett e l'iperdeterminazione letteraria*. Milano: Feltrinelli, 1967

Vangelisti, Paul. *Communion*. Los Angeles: Red Hill Press, 1970

Vangelisti, Paul. *Air*. Los Angeles: The Red Hill Press, 1973

Vangelisti, Paul, ed. *Specimen 73: A Catalog of Poets for the Season 1973-74*. Pasadena (CA): Pasadena Museum of Modern Art, 1973

Vangelisti, Paul. *The Tender Continent*. Los Angeles: Chatterton's, 1974

Vangelisti, Paul. *2x2*. Los Angeles: Red Hill Press, 1977

Vangelisti, Paul. *Another You*. Los Angeles: The Red Hill Press, 1980

Vangelisti, Paul. *Cervo Volante n. 2: Un grammo d'oro*. Roma: Etrusculudens, 1981

Vangelisti, Paul. *Embarassment of Survival: Selected Poems 1970–2000*. New York: Marsilio/Agincourt, 2001

Vangelisti, Paul, William Xerra. *Fragment Science, Tecnici del bianco*. Edizioni del Verri, 2022

Vangelisti, Paul, ed. *Love Poems*. Milano/Los Angeles: Postmedia Books/Otis Books, 2013

Villa, Emilio. *Letania per Carmelo Bene*. Milano: All'Insegna del Pesce d'Oro, 1996

Ward, Diane. *Imaginary Movie*. Elmwood (CT): Potes & Poets Press, 1992

Ward, Diane. *Exhibition*. Elmwood (CT): Potes & Poets Press, 1995

Ward, Diane. *Human Ceiling*. New York: Roof Books, 1995

Ward, Diane. *Portrait As If Through My Own* Voice. Los Angeles: Margin to Margin, 2001

Michele Lombardelli
Piacenza - Los Angeles
Libri d'arte e poesia (1991-2008)
dall'archivio di Michele Lombardelli

22 aprile / April 22, 2023
18 giugno / June 18, 2023

Progetto promosso da / Project promoted by
Fondazione di Piacenza e Vigevano,
Comune di Piacenza, Camera di Commercio
di Piacenza

Direzione artistica / Artistic Director
Paola Nicolin

Coordinamento generale / General Coordinator
Tiziana Libé

Progetto di allestimento / Exhibition Design
Altofragile

Allestimento / Installation
Studio ETre, Gianluigi Tambresoni

Illuminotecnica / Lighting Design
Spazio Esperienze, Davide Groppi

Libreria XNL a cura di / XNL Bookshop curated by
Michele Lombardelli / Commerce, Milano

Comunicazione e ufficio stampa istituzionale /
Institutional Communication and Press Office
Sara Bonomini
Stefania Rebecchi

Comunicazione e ufficio stampa / Communication
and Press Office
Lara Facco, Milano

Graphic Design
propp.it

Sito web / Website
Davide Barbieri

Video e foto / Photo and Video
Daniele Signaroldi

Social Media
RARA Comunicazione

Ringraziamenti / Acknowledgments
Marta Barbieri, Paola Bonino, Michele Cristella,
Giovanni Marchesi, Bruno Tonini

XNL

XNL Piacenza
Centro d'arte contemporanea, cinema, teatro e musica

XNL Arte
Direzione artistica / Artistic Director
Paola Nicolin

XNL Cinema e Teatro
Bottega XNL
Direzione artistica / Artistic Director
Paola Pedrazzini

XNL Musica
Direzione artistica / Artistic Director
Maria Grazia Petrali

Fondazione di Piacenza e Vigevano

Presidente / President
Roberto Reggi

Consiglio di Amministrazione / Board of Directors
Mario Magnelli (Vice Presidente vicario / Deputy
Vice President), Luigi Grechi (Vice Presidente /
Vice President), Luigi Cavanna, Fabio Fornari,
Robert Gionelli, Luca Groppi, Elena Uber

Consiglio Generale / General Board
Daniela Boffino, Lavinia Gaia Bulla, Valter Bulla,
Rossella Buratti, Vincenzo Cerciello, Carlo
Dallagiovanna, Edoardo Favari, Ivano Fortunati,
Carlo Marini, Anna Muselli, Noemi Perrotta,
Tiziana Pisati, Maria Grazia Sabato, Luigi Salice,
Elena Sisaro

Collegio Sindacale / Auditors
Cristina Fenudi (Presidente / President), Stefano Seclì,
Gianmarco Valentini

Direttore Generale / Director General
Marco Mezzadri

Vicedirettore Generale / Deputy Director
Tiziana Libé

Staff
Roberta Bellocchio, Alessandra Capolicchio,
Elena Chiodaroli, Giorgia Gottardi

Questo catalogo è stato pubblicato in occasione della mostra / This catalogue has been published on the occasion of the exhibition

Michele Lombardelli
Piacenza – Los Angeles
Libri d'arte e poesia (1991–2008)
dall'archivio di Michele Lombardelli

XNL Piacenza
Centro d'arte contemporanea, cinema, teatro e musica
xnlpiacenza.it

A cura di / Edited by
Paola Nicolin

Publishing Editors
Micola Clara Brambilla, Emma Passarella (Mousse)

Graphic Design
Mousse

Testi / Texts
Nathalie Du Pasquier, Michele Lombardelli,
Paola Nicolin, Roberto Reggi, Paul Vangelisti

Traduzioni dall'italiano / Translations from Italian
Karen Tomatis

Traduzioni dall'inglese / Translations from English
Alessandra Castellazzi

Copyediting e Proofreading / Copyediting
and Proofreading
Emma Passarella (Mousse), Lindsey Westbrook

Foto della mostra / Installation views
Daniele Signaroldi

Foto d'archivio / Archival photographs
Michele Lombardelli

Pubblicato e distribuito da /
Published and distributed by
Mousse Publishing
Contrappunto s.r.l.
via Pier Candido Decembrio 28
20137, Milan–Italy

Stampato da / Printed by
Ediprima srl, Piacenza

Prima edizione / First edition 2024

ISBN 978-88-6749-646-4

€ 18 / $ 20

Questa pubblicazione è stata realizzata grazie al contributo di / This publication was made possible thanks to the contribution of

Fondazione di Piacenza e Vigevano e di tutta la Rete Cultura Piacenza, composta da Fondazione, Comune di Piacenza, Provincia di Piacenza, Camera di Commercio dell'Emilia, Regione Emilia-Romagna, Diocesi di Piacenza-Bobbio.

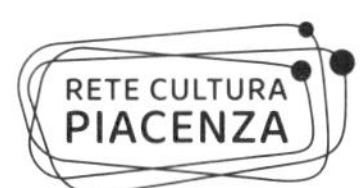

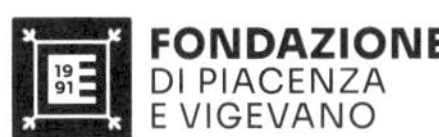

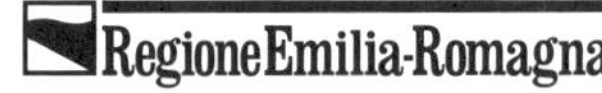

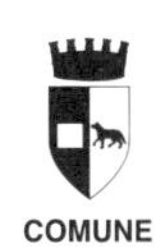

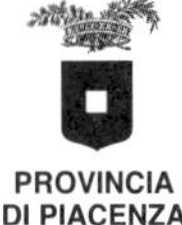

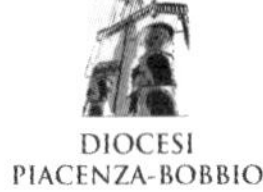